目　录

概说篇

就业篇

XIN SHIMIN
BAIWEN BAIDA

工会为农民工服务手册

新市民百问百答

中华全国总工会权益保障部 编

中国工人出版社

图书在版编目（CIP）数据

新市民百问百答 / 中华全国总工会权益保障部编.
—北京：中国工人出版社，2016.12

ISBN 978-7-5008-6600-8

Ⅰ.①新… Ⅱ.①中… Ⅲ.①民工—城市化—中国—问题解答
Ⅳ.①D422.64-44

中国版本图书馆CIP数据核字（2016）第303151号

新市民百问百答

出 版 人 / 芮宗金
责任编辑 / 李素素
责任校对 / 赵贵芬
责任印制 / 栾征宇

出版发行：中国工人出版社
地　　址：北京市东城区鼓楼外大街45号　邮编：100120
网　　址：http://www.wp-china.com
电　　话：（010）62005043（总编室）
（010）62005039（出版物流部）
（010）62382916（职工教育分社）
发行热线：（010）62005996　（010）82075964（传真）
经　　销：各地书店
印　　刷：北京美图印务有限公司

开本：880毫米×1230毫米　1/64　**印张**：3.125　**字 数**：100千字
版次：2016年12月第1版　**印次**：2018年11月第4次印刷
定价：15.00元

学习篇

权益篇

家庭篇

创业篇

概说篇

1.新市民“新”在哪儿?

改革开放以来，大量农民离开土地，进城务工乃至定居，已经成为不可逆转的社会发展趋势，为区别于城市原有居民，于是有了“新市民”这一概念。其实，现在的“城里人”，三代以上，绝大多数也是农民，只是那时没有“新市民”这个称谓罢了。

当然，现在的农民进城，与前辈大不相同。首先，历史条件变了，现代社会与改革开放前相比有了翻天覆地的变化，可以说，今天进城务工的农民赶上了一个好时代；其次，社会环境变了，今天的城里人，绝大多数懂得尊重人；最后，农民本身变了，新一代农民工，大多数接受过中等甚至以上的教育，通过电视、网络等多种途径，了解了农村以外的世界，对城市生活接受起来远比父辈容易得多，因此，他们也比父辈对城市生活有了更多的期许。

2.进城之初最感困惑的是什么?

农民离开土生土长的家乡，走进城市，尽管比前辈有了某种时代赋予的“优势”，但毕竟换了一个全新的生存环境，不可避免地会产生某些困惑，至少在进城之初会这样。

例如，在生活方式上，农村的日出而作、日落而息变成了按时上下班，农村的按季节耕作变成了经年不变的奔波；在劳动方式上，农村自由自在的劳作变成了严格按照指令、规程操作，即使是使用最简单的机械也需要一定的技能，并且要遵守与劳动相关的法律法规；在人际关系上，农村传统的宗族、邻里关系在

城市的茫茫人海中淡化了，代之以更加错综复杂的人际交往，不学会这样的交往法则很难在城市生存。

此外，在行为习惯、思想观念上，城市与农村的不同，甚至冲突，都可能成为新市民进城的困扰，不能不未雨绸缪。若要融入城市生活，必须先要解除这些困惑。

3.如何了解你将生活的城市？

城市和农村不仅有地理位置之别，历史沿革、风土人情也有很大差异，几乎可以说是两种截然不同的生活环境。新市民要想在城市里安居甚至“扎根”，就要对自己所处的城市有所了解。了解得越多、越深入，融入的可能性就越大，自己在城市的生活就越稳定。

了解城市生活的方式多种多样。一方面，要多阅读一些有关城市的书刊和资料，上网查看介绍城市情况的网站，以此了解它的历史沿革、行政区划和公共部门设置。除了特别偏门的问题，在互联网上一般都可以找到答案。另一方面，要多找熟悉该城市的老乡、工友或者房东聊天，他们对城市的了解可能会更

深入，也可以用来印证网络资料的准确程度。当然，最重要的还是要亲身在城市里走走看看，去观察了解身边的生活方式。

新市民了解城市，为的是更好地在城市里工作和生活，所以要重点关注这几个方面：一是所在城市的气候、物价和房价，从而对自己的生活早做打算和安排；二是居住区域附近的交通线路、卫生诊所和商业网点，让吃饭、看病、出行变得简单起来；三是就业服务机构和求职信息的发布渠道，以便更快更好地找到工作。总之，了解城市的最好方式就是不断地去跟它亲密接触，多走多看多交流。

4.怎样才算融入城市？

人们常说，要让农民工融入城市。那么，走进、住进城市，是不是就等于融入城市了呢？答案是否定的。很多时候，一个人即使在城市里有了工作，买了房甚至有了户口，但在行为习惯、思想感情上，依然可能是这座城市的过客。究其原因，往往在于没有文化上的融入，就很难有真正的归属感。

从文化上融入城市，新市民需要经历“学习—参与—奉献”这样一个过程。首先，要不断地学习掌握更多的知识，以此提升自身素质，在生活中注重文明礼仪，在工作中成为一个有修养、受欢迎的人。其次，要积极参与城市政治、经济、文化、生活等各种活动，成为热心社区管理的活跃分子。强化自己的社交能力，逐渐形成健康向上的生活圈，培养自己对于这座城市的亲近感和认同感。最后，要培养自己的奉献精神，乐于利用自己的时间、技能、资源、善心为邻居、社区、社会提供志愿服务，为改善和促进社会进步做出自己的贡献。

融入城市就要把城市当作自己的第二故乡，热爱它，保护它，建设它，只有这样，新市民才能既从经济上融入城市，更能从文化上融入城市，在心理上获得认同，在情感上找到归属。一句话，心理适应才是新市民真正融入城市的标志，只有完成心理适应才算完成了真正意义上的适应过程，才是真正意义上融入了城市。

5.什么是城市生活的基本文明守则？

中国文化源远流长，城市与农村至今仍有着某些共同的公序良俗，譬如诗书传家、尊老爱幼、勤劳节俭等。但是，随着社会的发展变革，已经步入现代文明的城市与相对闭塞落后的农村之间，又不可避免地拉开了差距。尽管不同的城市对其市民有不同的要求，但基本的文明守则却大体一致。初来乍到的新市民，可能一下子很难适应新的生活环境。为了尽快地融入城市生活，就必须努力学习新的行为方式，逐步改变某些旧有的行为习惯。

城市人口集中，生活丰富多彩，有许多农村没有的新事物、“新规矩”。作为新市民，不仅需要尽快熟悉这些事物，而且需要懂得如何处理、协调它与自己的关系。这里主要说几点城乡不同，却又几乎每天必须面对的规则，希望引起新市民朋友的注意。

在农村，法治观念比较淡薄，执法也相对宽松，许多矛盾问题往往靠乡规民约，由邻里出面就解决了。在城市，约束市民行为的法律法规不仅多，而且严格。作为新市民，无论是工作，还是生活，遵纪守法都是基本要求。否则，不仅工作难找，连生活也会受到影响。譬如，不懂劳动法规，工作和权益就缺乏保障；不改变某些生活陋习，可能招致行政处罚；不遵守交通法规，甚至可能受到人身伤害，如此等等。

在农村，人的身份比较单一，没有多么复杂的人际关系。但在城市，你需要随时转换“角色”：员工、居民、顾客、乘客、观众、行人、司机……在不同的场合，就有不同的“规则”需要遵循。身为员工，要遵守企业规章制度；身为居民，要遵循居民守则。接受服务，要尊重他人劳动；为他人服务，要讲究文明礼貌。此外，诸如在公共场合不能吸烟，不能喧哗；到别人家要敲门，必要时需提前告知；乘车要懂得先下后上，过马路要走斑马线；不能随地吐痰、乱扔废弃物……这些，在农村都是不必操心的“小事”，但在城市生活中，却是基本的文明守则。

总之，在城市生活，需要记住八个字：遵纪守法，文明礼貌。

就业篇

6.找工作需要做哪些准备?

找工作时，劳动者处于相对弱势的地位，在面对选择与被选择时，总会遇到各种不确定的情况：可能是求职单位的轻慢态度，也可能是求职奔波中的精疲力竭。无论经历什么，劳动者的人生价值需要在劳动中获得。为了寻找到一份适合自我发展的好工作，劳动者需要以积极的心态参与竞争，勇敢接受挑战。这就需要在心理和物质上做好双重准备。

心理准备可以从以下几方面入手：

(1) 要做到知己知彼。知彼就是要了解当前的就业环境和求职地的产业特点，正确认识自己面临的就业形势。知己就是要对自身有一个清晰认识，要客观、正确地认识自己的优点和长处、缺点和短处、性格和兴趣；要明确自己想做什么和能做什么，社会又允许你做什么。只有这样，才能保持良好的求职心态。

（2）要避免理想主义和自卑情绪。一个人的择业目标应与本人所具备的实力相当或接近，及时调整就业期望值，不刻意追求最满意的结果。同时，要克服自卑、胆怯的心理，树立自信心，拥有敢于竞争的勇气。

（3）要有面对挫折的准备。参加工作就要做好吃苦耐劳的准备，只有勤劳才能获得成功。虽然工作中会遇到各种困难，但是这些都是暂时的，只有克服工作中的困难，才能取得成绩。

（4）要有合理的职业规划，选择恰当的工作目标。要善于根据自己的能力制定不同的工作目标，工作早期，不妨把目标定得低一些，锻炼自己的能力；当能力达到一定程度后，应逐步提高自己的工作定位，激励自己不断进步。

找工作需要一个过程，因为就业环境以及个人条件不同，求职时间的长短也不同，因此在准备求职之前做好物质准备是十分关键的。比如，准备一些生活费用，保证基本的生活得以继续；如果是有手艺的劳动者，需要带上自己的工具，在必要时向招聘者展示。

7.在城市里上哪儿去找工作？

求职首要的就是获得用工信息，然后才能根据自己的情况来选择合适的岗位。一般来说，获取招聘信息有以下几种方式：

(1) 政府提供的劳动用工信息。一方面，工会、劳动行政部门会定期举办大型招聘会，组织本地和外地企业集中招工。如各地劳动行政部门、工会、妇联等每年都会举办“春风行动”大型就业帮扶活动，通过提供就业技能培训、举办大型招聘会等形式促进就业。另一方面，各地还有一些由劳动行政部门设立的公益性职业介绍机构，包括各级政府部门设立或者举办的就业服务机构、职业介绍服务中心、人才交流中心、人力资源公司等。

（2）职业介绍机构提供的招聘信息。这类职业介绍机构属于非官方中介，是由社会团体、街道社区、企业法人以及公民个人举办的职业介绍所，或者兼办职业介绍业务。此外，随着政府购买社会组织服务工作的完善，一部分劳动行政部门、工会也向一些社会组织购买服务，由社会组织向求职者提供就业信息。

（3）亲戚朋友介绍的招聘信息。一些亲戚朋友已经工作多年，有的自己就是某个单位的招聘负责人，这些人对企业熟悉，掌握一部分招聘信息，通过向这些亲戚朋友咨询招聘信息，通常能够提高找工作的效率。

（4）从网站、报纸等地方获取的招聘信息。招聘类网站上的用工信息较多，对个人来说选择面也较广，例如，在中华英才网、58同城、前程无忧等网站上，都有很多各种类型的用工信息。

8.求职需要哪些基本素质？

求职是一个系统的过程，是求和职的综合，首先是求，即寻求、追求之意。求职的过程，不光是对学

历、知识、经验的筛选，更是锻炼求职能力的过程。求职者可能很优秀，但如果没有很好的求职能力，也有可能在找工作的过程中一败涂地。

(1) 自我定位能力是核心。在求职前，首先要进行自我分析和自我定位，通过系统分析自己的优势、劣势，结合自己有意向的行业、企业、职业，得出较为准确的自我定位，这是求职成功的重要前提和基础。

(2) 信息搜集和整合能力是关键。虽然当下获取求职信息的渠道很多，但在海量信息面前，需要将搜集到的信息进行归类整理，全面分析应聘企业的行业特征、产品或服务特点、单位规模、领导人及组织文化、组织结构、组织目标和远景、招聘流程等。同时，要搜集并分析岗位的工作性质、工作内容、工作权限、工作要求、胜任条件、工作环境、人际关系和工资福利等，只有做到有效的信息搜集和整合，才能为应聘行为提供支撑。

（3）沟通表达能力是基础。沟通表达能力不光是求职能力的重要内容，也是一个人职业发展成功的重要因素。在求职过程中，求职者要向应聘单位提交求职信、个人简历，还要参加面试。这些过程的应对表面上展示的是求职和面试技巧，背后隐藏的是人际沟通能力、口头表达能力和书面表达能力，有效沟通才能将自己的能力、水平、想法准确地展现和传递给应聘单位。

（4）执行和学习能力是落脚点。没有执行，再好的计划也没有意义。执行意味着求职者应该多方寻找信息，投递简历并进行应聘。执行意味着抓紧时间和高效率的行动。

（5）积极的心态和抗压能力贯穿始终。职场上会有各种各样的事情需要处理，会遇到不同类型的同事、朋友。首先，求职者应保持积极和上进之心，能够有效管理自己的情绪。一个主动、热情、乐观的人，他的生命一定更有温度，也能更多地带动周围的人和团队。其次，求职者需要具备较强的抗压能力。其实，求职就是一个试错的过程，要不惧失败，不断地尝试。

9.如何识别常见的“招工陷阱”?

就业是个人的头等大事，但再心急，也需要谨慎理智，对“招工陷阱”须做好防备。

陷阱一：巧立名目，收取费用。

以录用作为诱饵骗取培训费。这些公司招聘时手续特别简单，只要求求职者支付信息费、报名费、登记费、资料费、推荐费、注册费等名目繁多的费用，当他们填满自己的“钱袋”后，就会找各种理由将应聘者“辞掉”。

陷阱二：长期试用，榨取人力。

签订劳动合同时最容易被“忽悠”的就是“试用期”了。试用期过长或即将结束时，企业便以各种理由炒求职者的“鱿鱼”。《劳动法》规定试用期最长不得超过6个月。

陷阱三：弄虚作假，不讲诚信。

一些公司为了吸引求职者，常常在介绍招聘岗位信息时进行歪曲、编造、美化，极尽包装。这些公司常以高薪为诱饵，迫使应聘者立刻签订合同，并用约定高额毁约金的方式，千方百计套牢求职者。还有些不规范的网站和中介机构，通过截取求职简历，获取大量个人信息，出售给企业作为销售信息。更有甚者，在报纸上刊登招聘信息，诱使应聘者递上个人资料，留作他用。

陷阱四：以招聘为名，行推销之实。

有些企业先以优厚待遇，让求职者上门应聘，再以种种理由提出要对求职者进行“考察”。具体考察方式就是公司先与求职者签订一份产品推广协议或产品促销协议，协议中约定求职者必须在约定时间内以公司规定的价格销售掉该公司某种产品，并收取一定的保证金或样品费。当求职者签好协议去推销产品时，才发现根本销售不掉。结果，求职者的保证金或样品费就这样被这些公司“黑”掉了。

尽管政府相关部门对不法“招工陷阱”有打击的责任，但对劳动者来说，时间本身也很珍贵。要对陷阱有所防范，尤其是在求职过程中，要时刻保持头脑清醒，具备一定的法律常识，比如《劳动法》《劳动合同法》《社会保险法》等关系自身权益的法律知识，在遇到各色各样的陷阱时擦亮眼睛。

10.如何应对面试?

面试是用人单位对劳动者进行选择的最直接有效的方法。劳动者在面试过程中需要注意以下几个问题：

（1）谦虚谨慎。面试和面谈的区别之一就是面试时对方往往是多数人，其中不乏专家学者。求职者在回答一些比较有深度的问题时，切不可不懂装懂，不明白的地方就要虚心请教或坦白说不懂，这样才会给用人单位留下诚实的好印象。

（2）有礼貌教养。如果在主导式的面试场景中，应该把目光

集中投向主考官，认真礼貌地回答问题；如果是答辩式，则应把目光投向提问者，切不可只关注甲方而冷待乙方，无论回答谁的问题，都应该在清晰表达中，显得有礼貌而克制，切不可过分张扬、过度自信。

（3）扬长避短。每个人都有自己的特长和不足，无论是在性格上还是在专业上都是这样。因此在面试时一定要注意扬长避短。必要时可以婉转地说明自己的不足，用其他方法加以弥补。

（4）显示潜能。面试的时间通常很短，求职者不可能把自己的全部才华都展示出来，因此要抓住一切时机，巧妙地展示自己的才能。

总之，在面试时，良好的仪态、礼貌、表达，能够反映出一个人的素质和教养，切不可在细节处疏忽大意。

11.城市里有哪些适合新市民的工作？

2016 年上半年，我国服务业增加值为 184290 亿元，增长 7.5%。服务业对国民经济增长的贡献率为 59.7%，比第二产业高出 22.3 个百分点。服务业在推动供给侧结构性改革中，实现创新发展，不断创造和引领新的消费需求，为国民经济稳定发展发挥了重要作用。

2016年的“双十一”，天猫以1200多亿元的成绩再次刷新电商单日营收纪录。而在2011年，天猫“双十一”的销售额仅为33.6亿元。“双十一”销售额的迅猛增长，是近年来我国服务业快速发展的一个缩影。爆发式发展的服务业中，新市民可以获得的工作机会，也较以往任何时候都多，选择也会更多样。

随着电商的迅猛发展，快递员的社会需求也在猛烈增长。伴随着互联网创新不断加深，一些新岗位也在不断涌现。比如，遍布大街小巷的外卖员。家政服务业在被互联网模式颠覆的过程中，对家政服务人员的需求在增加，对家政服务人员的技能水平和素质的要求更高。二胎政策的全面放开，对保姆、月嫂的需求也在增加，而且薪资水平也都与技能、经验成正比。老年社会到来后，养老产业的发展也为新市民提供了更多的就业机会。

总之，社会在快速变化，我国的产业发展也自有其规律。在城市中扎根的新市民，需要对外界的变化保持足够的好奇与学习，就会发现并捕捉到适合自己的就业岗位。

12.就业再就业培训包括哪些内容？

就业再就业培训是提高广大劳动者和新增劳动力职业技能的一项主要工作，分为就业前培训、技能提升培训、再就业培训和创业培训，目的是让他们掌握和具备就业再就业或创业的技能，从而顺利走上或重

新走上就业岗位。

就业再就业培训主要包括三个方面的内容：

一是职业指导服务。帮助劳动者认清就业形势，更新就业观念，树立自主就业意识，同时为他们提供职业需求信息和介绍求职方法，指导他们制订个人就业或再就业计划。

二是职业技能培训服务。由职业培训机构根据劳动力市场需求和劳动者的特点，确定培训项目，制订培训计划，开展适应性职业技能培训，或采取企业与职业培训机构联合办班的形式，一般以短期和掌握实际操作技能培训为主。

三是创业能力培训服务。帮助准备自谋职业的劳动者熟悉国家相关政策和法规，了解开业或创办企业必备的知识和程序，掌握经营管理方法，指导他们制订切实可行的创业方案，并在开业后继续进行必要的咨询和指导。

就业再就业培训是国家为保障劳动者就业权利提供的免费服务。新市民可以充分利用这项政策，努力掌握更高水平的就业技能，做一个身怀技艺、企业欢迎的劳动者。

13.为什么就业一定要签订劳动合同？

劳动合同是劳动者的“护身符”。没有劳动合同，一旦合法权益受到侵害，将给劳动者维权带来诸多不便。劳动行政部门每年接手的劳动纠纷案件，有相当一部分就是因为没有签订劳动合同，没有明确的用工、工资等约定，而迟迟得不到解决。因此在上岗前，一定要及时和用人单位签订劳动合同。

实际生活中，由于找工作的人数往往多于就业岗位，因此用人单位不但可以随意挑人，有的还提出了很多不合理的条件。一些用人单位为尽可能地降低成

本，不愿意对劳动者承担应有的责任，甚至不愿意与劳动者签订劳动合同。在这种情况下，劳动者应当主动向用人单位提出签订劳动合同的要求。

一些劳动者到用人单位工作时没有签订劳动合同的意识，或者用人单位故意拖延甚至拒绝签订劳动合同。这种情况下，劳动者与用人单位之间虽然没有书面合同，但是与用人单位之间存在事实上的劳动关系。因此，如果在工作过程中，劳动者的正当权益受到侵害，仍然有权向用人单位索取赔偿，只不过就缺少书面合同这一最有力的证据。这就需要劳动者在日常工作中，注意收集其他能够证明劳动关系存在的证据。比如，考勤表、门禁卡、工作证、饭卡、工资条等。

要正确维护自己的合法权益，避免纠纷的发生，最好的做法就是严格依照《劳动合同法》的规定签订书面劳动合同。

14.签订劳动合同时需要注意什么？

劳动者在签订劳动合同时，首先需要对一些劳动合同陷阱有所认知：

一是“单方合同”。用人单位在合同中处处强调“由甲方决定”“按照甲方的相关规定执行”等条款，无视乙方即求职者应享受的权益。面对这样的合同，求职者应当谨慎签约。

二是“押金合同”。用人单位在招工时以种种名目向求职者收取风险基金、保证金、抵押金等，如果合同期内求职者离职，这笔钱也要不回来。遇到这种情况，求职者可向劳动监察部门举报。

三是“幕后合同”。有的用人单位在制定劳动合同时根本不与求职者协商，也不向求职者讲明合同内容，有些合同条款甚至与法规相悖。求职者如果因为签订了这样的合同而导致合法权益受到侵害，可向当地劳动仲裁机构申请裁定该合同为无效合同。

四是“生死合同”。有些用人单位为了逃避责任，不按法律法规有关规定向劳动者提供劳动保护，反而提出“工伤概不负责”等条款。求职者如果签下这类协议，无疑是拿自己的生命当儿戏。

五是“包身合同”。有的用人单位在劳动合同中明确提出，单位培训的员工未经许可不得跳槽到同行业的单位工作，并将合同服务期无限延长。求职者应留意这种劳动合同的陷阱，否则很可能会承担很大的违约责任。

六是“备份合同”。为了逃避劳动行政部门的检查，个别用人单位私下准备了至少两份合同，其中一份是假合同，内容完全按照有关部门的要求签订，但实际上并未按此执行，真正执行的是另一份合同。所以，求职者一定要将自己亲笔签订的劳动合同副本收藏好，作为以后维权的依据。

劳动合同中的内容首先应该合法才会有效，违反法律、行政法规的劳动合同没有法律效力，采取欺诈、威胁等手段订立的劳动合同同样没有法律效力。但是，劳动合同的无效，必须由劳动争议仲裁委员会或者人民法院确认。

15.换工作时需要注意哪些问题？

对于新市民来说，换工作将直接影响自己的职业规划，同时还会影响家庭经济状况，必须要进行全面考虑，慎重行事。

首先，一定要认真思考自己为什么要换工作，不要单纯为了薪水而跳槽。想换工作时，要对新工作能提供给自己的价值进行综合评估，特别是个人发展机会有没有新的增长空间。不要单纯因为对企业或者老板不满就轻易换工作，因为很多问题在哪里都会遇到，换一份工作不一定就能彻底解决问题。当然，更不能因为与周围的人攀比而跳槽，因为不同行业和不同岗位没有可比性。每一次换工作，都应当符合自己的职业规划，有利于自己的职业增值，要尽可能减少同水平跳槽。

其次，在新旧单位转换期间，一定要注意自己的社保转移问题。从原单位离职的时候，要注意检查自己五险一金的缴纳情况，发现漏缴或少缴时要及时向人事部门提出。到了新单位以后，还要注意五险一金的接续。

最后，还要注意自己与原单位的劳动合同约定中，是否有竞业禁止条款。所谓竞业禁止，是指劳动者与用人单位约定，在劳动关系结束后的一定时期内，不得到生产同类产品或经营同类业务且具有竞争关系的其他用人单位任职。如果有类似条款的话，劳动者还是需要遵照执行，否则可能会留下比较严重的纠纷隐患。

16.什么是劳务派遣？

劳务派遣又称人力派遣、人才租赁、劳动派遣、劳动力租赁、雇员租赁，是指由劳务派遣机构与派遣劳动者订立劳动合同，把劳动者派向其他用工单位，再由其用工单位向派遣机构支付一笔服务费用的一种用工形式。

多年来，劳务派遣都是我国重要的补充用工方式。劳务派遣市场一直十分火爆，几乎各行各业都有劳务派遣工的身影，各种劳务派遣公司如雨后春笋般出现，随之也产生了一些乱象。

2013 年 7 月 1 日，新修订的《劳动合同法》正式

实施，对劳务派遣做出了严格规范。随后，人力资源和社会保障部又出台了《劳务派遣暂行规定》，明确用工单位要严格控制劳务派遣用工数量，使用的被派遣劳动者数量不得超过其用工总量（指用工单位签订劳动合同人数与使用的被派遣劳动者人数之和）的10%，劳务派遣只适用于临时性、辅助性、替代性的三类岗位，并指出用工单位应当向被派遣劳动者提供与工作岗位相应的福利待遇，不得歧视被派遣劳动者；用人单位滥用劳务派遣将受到重罚。规定从2014年3月1日起施行，过渡期为两年。

如今，过渡期已到，很多企业首先选择将劳务派遣员工转为公司正式合同工，这无疑为努力在一线的劳务派遣工带来了佳音。

17.打零工、散工需要注意什么？

零工和散工是城市里常见的一种用工方式，属于《劳动合同法》中所说的非全日制用工。新市民打零工或散工，首先要注意保障自己的劳动权益。

在工资支付方面，主要分为小时工资和计件工资。小时计酬标准不得低于当地政府规定的最低小时工资标准。非按小时计算工资，可以类推出相应的小时工资加以比较。工资结算可以每天即时结清，也可以约定每周一结，但结算支付周期最长不得超过15天。

在劳动保障方面，《劳动法》和《劳动合同法》并没有对非全日制用工人员的保险做出相关规定，用工单位应与劳动者口头或书面订立非全日制用工合同，双方可以随时通知终止用工且不用支付任何补偿。用人单位必须为新市民缴纳工伤保险，非全日制用工人员在劳动过程中造成工伤或者患职业病的，用人单位也应当承担相应责任。

除此之外，新市民在打零工和散工时，还要做到在雇主前来招工时积极表现，主动询问。详细了解工

作性质，不要稀里糊涂地就跟着雇主走，以免上当受骗。在询问时要对雇主察言观色，如果雇主不愿多说工作情况，而且含糊其词，那么就要小心。对于超出自己能力的工作，不要接受雇主的雇用。

18.求职时应克服哪些心理问题？

（1）好高骛远。找工作时要实事求是，根据当前的就业环境和自己的特点选择岗位，在自己的愿望和就业市场出现偏差时，要及时调整自己的就业目标，在追求最满意结果的同时，也不要放弃身边不错的机会。

(2) 自卑怯懦。面对激烈的竞争，一些人总是觉得自己这也不行，那也不行，从而犹豫不决、畏缩不前。他们一参加招聘就紧张，一旦求职失败就容易自暴自弃、萎靡不振。找工作的朋友要杜绝这种心理，增强自信，以积极主动的择业心态参加竞争。

(3) 依赖心理。一些找工作的朋友在求职时缺乏自己的主见，往往别人干什么他就干什么，产生从众心理，缺乏对自己实际情况的分析判断，人云亦云。同时，还有一些人想找工作，但是自己不会主动出击，只是被动地等着别人给介绍工作，这也会严重降低找工作的效率。

19.在工作岗位上应当注意哪些事项？

由于很多一线劳动者从事具有危险性质的行业，这里说的工作岗位上的注意事项，主要是针对他们而言。

首先，入职上岗前，需要认真参加上岗培训，熟练掌握操作规程，对未来可能遇到的风险有所了解和防范，如果是特殊行业，需要持证上岗。

其次，掌握一定的劳动法律知识，明白法律赋予了劳动者哪些权利。比如，面对违法作业，劳动者有

权拒绝；对危害生命安全和身体健康的劳动条件，劳动者有权对用人单位提出批评、检举和控告。

最后，在掌握工作技能的同时，劳动者可能还需要面对岗位带来的心理压力，这就需要劳动者注意自我调节。心理健康与身体健康，同等重要。

20.为什么要重视劳动保护和职业健康？

劳动者重视劳动保护和职业健康，就是在重视自身的人身安全和身体健康，这对一个家庭来说至关重要。有不少安全生产事故和职业病，比如煤矿爆炸，建筑企业施工中出现坍塌，劳动者被高空坠物砸伤等经常见诸新闻报端的事故，都是由于安全生产不到位，劳动者劳动保护措施不当，不重视职业健康而导致的。

劳动者享有职业安全卫生权，这也被称为劳动保护权，是指劳动者在职业劳动中人身安全和健康获得保障，免遭职业伤害的权利。

在劳动关系中，用人单位对劳动者负有保护的义务。这种义务突出表现为要避免或减少职业伤害，确保劳动者的职业安全。劳动者享有职业安全权，可以要求用人单位提供安全、卫生的劳动条件，建立健全

劳动安全卫生管理制度，严格执行国家劳动安全卫生规程和标准，防止职业危害。

劳动者的职业安全权还包含拒绝强令冒险劳动的权利。即当用人单位不提供安全卫生的劳动环境和条件时，

或者用人单位强令劳动者冒险作业时，劳动者可以拒绝。

除此之外，劳动者还应关注自身职业健康。其中包括职业健康体检、职业健康监护档案管理、职业人群健康状况评价、职业人群动态管理等。

有关劳动者的职业健康和安全生产、劳动保护的相关规定，可以参见《安全生产法》《职业病防治法》《劳动法》等相关法律法规。

学习篇

21.为什么要不断学习新知识和新技能？

从农村到城市，新市民参加工作，安排生活，要学习的东西很多。这里要说的不是那些生存常识和基本知识技能，而是能够提升个人素质，提高工作与生活质量，甚至改变人生命运的知识与技能。

世界进入信息时代、网络时代以后，科学技术迅猛发展，许多新技术、新工艺令人目不暇接，直接冲击着我们的工作生活。譬如，上一辈农民工蜂拥到沿海地区打工，那里的劳动密集型企业需要的是简单劳动，因此容纳了数以千万计的体力劳动者。而今天，沿海发达地区工业布局早已升级换代，“腾笼换鸟”的结果就是初级加工、劳动附加值低的企业退出，高科技、现代化的企业进驻。劳务市场传出的信息表明，最紧缺的就是各类高级技工，甚至高薪聘请也难以满足需要。至于工业4.0的目标，对于大多数工人来说，不仅意味着挑战，而且可能是冲击。因为，以你现有的知识、技能可能根本不适应它的到来。不学习新知识、新技能，必然要落后，意味着只能靠简单劳动维持低收入，无法改善自己的生活。

有朋友会说，我现在每天都在网络上浏览各种新知识、新鲜事，怎么会落后呢？不错，当今社会生活中，网络无所不在，甚至已经成为年轻人须臾不可离开的工具。但是，网络信息鱼龙混杂，错误很多，即使有用，也往往是碎片化的知识，并不能代替系统的学习。如果你不愿意只靠简单的体力劳动谋生，就请选择一个可行的目标，努力学习，提高自己吧。

22.优秀员工应当具备哪些素质？

大多数就业者都希望努力工作，做出成绩，成为一名优秀员工。那么，优秀员工应当具备哪些素质呢？可以归纳为以下几点：

一是爱岗敬业。热爱自己的工作是成为一名优秀员工的基本前提，这种热爱应该是发自内心的，这样才会在工作中处处用心。用心做事当然会有成就。敬业，是比爱岗更进一步的要求。敬重自己的工作，把它当作事业而非职业（饭碗）去做，是人生追求的一种升华，让人更有使命感和责任感。

二是技能高超。爱岗敬业不是口号，需要扎实的“本钱”。一定的技术水平和业务能力是做好本职工作和担负相关责任的基础。作为优秀员工，更需要具备超过普通员工的能力与水平，不仅能够解决生产（业务）中难度较大的问题，而且能够有所创造创新。这就需要不断地学习，需要在日常工作中认真钻研，精

益求精。如果再有一定的应变能力就更好了。

三是负责精神。勤奋工作，不懒惰、不懈怠，是对员工的基本要求。对于优秀员工来说，还需要具有主动、负责的精神，肯于承担更多的工作和责任。如职权责任、岗位责任、经济责任、社会责任，甚至相应的法律责任。肯于承担并且敢于负责，才称得上优秀。

四是建言献策。员工勇于建言、敢提意见，无论价值大小、正确与否，都是爱岗敬业的表现，是对企业发展的关心和对企业领导的信赖。这样的员工显然超越了“干活拿钱，挣钱吃饭”的境界。

此外，人品的诚实与大度、人际交往的能力、注重细节追求卓越等，也是优秀员工应该具备的素质。

23.如何选择适合自己的学习方式和方法？

选择适合自己的学习方式，需要弄清楚两个前提问题。首先是“自己需要什么”。即所谓“缺什么补什么”，以此确定自己学习的目标与方向。补足自己的知识“短板”，才能使自己的工作、生活尽可能完满。其次是“自己能够学什么”。需要学不等于能够学，尽管需要，但没有条件或能力，则应该放弃。要实事

求是，免得事倍功半。最好的选择是，既需要又可能。

以上两个问题弄清楚了，才能确定自己应该以什么方式学习，或就学（进学校）、或自学（独立完成学业）。选择学习方式要因人而异，因地制宜。

关于学习方法，大致分为听课、阅读、笔记、讨论、观察和实践等几种。不同的人由于条件所限或者更适应某种方法而有所倾向或偏好。当然，大多数人的学习是几种方法交互采用。

听课。即通过老师讲授，获得相关的知识，甚至包括操作方法。这种传统的课堂教学方法，适合某些互动较少、能够接受“灌输式”教育的学习者。

阅读。以阅读为主的学习方法，基本上是按自己的节奏学习、理解，根据自己的需要调节学习进度。这种方法主动性更强，适合自主能力强的学习者。

笔记。通过记笔记的形式，用自己的语言记录下所获得的信息，以加深理解所学的知识。记笔记不是抄书，不必面面俱到，关键是要记好知识的重点和节点。

讨论。与同学、同行就共同的话题展开讨论，各抒己见，乃至争论，达到互相取长补短的效果，并加深对知识的理解。

观察。对于学习技术者来说，观察别人怎样做，或者由讲解者做出示范，从实例中总结出一些规律并进行模仿，化为自身能力，也是很好的学习方法。

实践。不停留在听讲、书面，而是亲自尝试去做，在实践中理解获取的信息，或者修正自己的误解，收获实实在在的体验。

24.选择培训机构时要注意哪些问题?

选择好的培训机构，对于学习效果至关重要。选对了，可能事半功倍；反之，则可能事倍功半。建议注意考察以下几项：

一是品牌。一个好的品牌，既是综合实力的体现，又是培训特色的展示。品牌越大，说明培训机构的教学质量以及社会认可度越高，同时，培训后找工作也是一种优势。一般而言，选择大品牌的培训机构，也就选择了高的“性价比”。

二是规模。规模大，说明培训机构吸引力强，学员报名多，形成了良性循环。规模大，教学设施设备也相对多且好，学习质量与效果有保障。

三是师资。对学员来说，高素质的教师是培训质量的重要保证。教师应具有丰富的教学管理经验，熟悉当今最新技术工艺。选择理论知识丰富，同时具备研发经验的老师，还可能帮忙推荐工作。

四是教材。采用不同的教案和教材，培训效果会相差悬殊。一般来说，大的培训机构会使用国际标准的教材或自行开发的教材，同时注意教材的及时更新，确保培训内容与时俱进。如果教材严重滞后于现实，学习效果则会事倍功半。

五是证书。正规的培训机构都是经过政府教育部

门批准的，属于国家规定的专业，结业后应该颁发社会认可的国家职业资格证书。参加培训时一定要明确自己所需要的是哪一类证书，并且这个机构能否提供证书。

六是就业。如今，不少培训机构都会设立专门的就业服务部门，或是与相关企业合作，学员参加培训就可能签订“就业协议书”，得到实习机会和就业推荐服务。选择这样的机构，学员往往能实现培训就业的“双丰收”。

25.提升学历有哪些途径？

学历标志着一个人接受学历教育的程度，也是企事业单位选人用人的重要条件。特别是现在不少城市实施积分制落户政策，学历高低更是直接影响着积分高低。新市民提升自己的学历，可以通过以下三条路径：

（1）成人高考。成人高考由各个大学的继续教育学院或成人教育学院管理。报名时间一般为每年 8 月中旬（网上报名）到 9 月上旬（现场确认），考试时间则一般为 10 月中旬，由国家统一安排命题，考试科目有政治、外语和一门专业基础课。一般情况下，业

余学习3年，完成规定的学习计划任务，达到毕业要求即可获得国家承认的大专、本科文凭。网络教育一般实行弹性制学制，允许学生自由选择学习年限，一般在2到5年完成。

(2) 自学考试。自学考试的报名时间和报考专业没有什么限制，学习形式一般为业余制（双休上课）学习或自学。考试科目一般为15门左右，需要全部通过才能拿到毕业证，补考没有次数限制。每次考试可以报考多门课程，一般最短两年能拿到毕业证。

(3) 网络教育。网络教育是成人教育学历中的一种，使用电视及互联网等教学模式，学生通过电视广播、互联网、辅导专线、面授（函授）等多种形式学习。网络教育实行“宽进严出”，招生对象不受年龄和先前学历限制，录取条件非常宽松，但只有通过考试才能核发远程教育学历文凭。

26.自学时要注意哪些问题？

自学是提高自身素质的重要途径之一。由于没有学校和老师的督促，自学需要更多的自觉。要学有所得，需要注意以下几点：

第一，要有一个明确且可行的目标。明确是为了清楚地知道自己向哪里努力，不致彷徨摇摆；可行是为了“够得着”，避免学习过程中因遇到挫折而改变。

第二，要有一个科学的学习计划。包括学习内容、教材选择、时间保证，分阶段顺序完成，并且根据实际情况和现实需要做出必要的调整。

第三，要有坚持到底的毅力。做任何事情，没有欲求就没有动力，没有毅力则会知难而退、半途而废。

第四，要量力而行，循序渐进。学习是一个长期的过程，即使达到阶段目标，也仍有新的知识需要不断更新。一口气吃不成胖子，不可急于求成。

第五，要学会借助工具书。自学没有老师，无法求教时，工具书就是解惑之师。工具书要选权威且尽可能新的版本，防止被误导或者获取陈旧知识。

第六，要善于使用卡片。卡片比笔记更灵活，更便于积累和使用。可以分为提要卡、节录卡、资料卡、索引卡、目录卡、专题卡、备忘卡等。

第七，要有一套适合自身的学习方法。关于学习方法在前面已有介绍。自学者可以根据自身实际选择，并且要学会见缝插针地抓住一切机会学习，常与人交流。

利用网络查询资料的方式已经很普遍。但需要提醒的是，网络信息真伪难辨，即使参考用，也必须做一番甄别，关键是看资料的出处是否靠谱、权威。系统学习知识，还是要用正规教材。

27.参加高等教育自学考试要注意什么？

新市民参加高等教育自学考试时，首先要看清报考条件，提前了解院校情况。考生办理报名手续须持有本人居民身份证，按课程交纳报考费，报名后即发给准考证，每次考试另发考试通知书，考生须凭身份证、准考证、考试通知书参加考试。

高等教育自学考试没有学历、年龄和时间限制，国家承认学历。如果决定报名参加的话，最好选择具有挑战性的专业，如计算机应用、计算机网络、电子商务、法律、英语、会计等，有助于未来的职业发展。第一次报考的门数不宜过多，不要急于报考公共课，因为公共课每年可以报考两次，专业课程每年只有一次报考机会。考生可以到当地自学考试办公室购买《自考特刊》，详细了解考试政策信息和考试时间安排。

在前往考场参加考试前，考生务必检查是否携带身份证和准考证，不得携带通信工具进入考场。考试时要守住诚信的底线，不要违反考场规定。开考信号发出后，才能开始答题；考试开考15分钟后，不能进入考场；开考30分钟后才可以交卷出场，离开考场时不能带走试卷和草稿纸。考试期间要注意交通安全，保管好自己的证件和财物。

28.考取职业资格证书有什么好处?

正处于求职期的新市民，也许时常会遇到“具备职业资格证书”这样的招聘条件。这是因为按照《劳动法》和《职业教育法》的相关规定，一些涉及国家财产、人民生命安全和消费者利益的职业（工种）的从业人员，必须经过培训并取得职业资格证书后，方可就业上岗。职业介绍机构要在查验求职者的职业资格证书后方可推荐就业，用人单位则要凭证招聘用工。

显然，对于实行就业准入的职业，职业资格证书就成了“通行证”。毕竟，学历文凭只是表明文化理论水平的教育程度，并不意味着已经掌握了特定职业的实际工作标准和操作规范。要想证明自己已经具有了从事这些特定职业所必需的知识、技术和能力，还需要用不同等级的职业资格证书来体现。

从个人收入上看，劳动力市场工资指导价位的制定，一直是依照不同职业资格技能等级来确定的，并随着技能等级的提高而提高。在很多企业里，技师、高级工、中级工可以分别对应工程师、助理工程师、技术员的工资待遇。在各地基本养老金调整标准时，获得职业资格证书的高级技师也往往有着特殊政策。

曾有一段时间，职业资格证书出现过多、过滥的趋势，有些行业自设毫无必要的资格门槛。如今，在政府的强力推动下，包括餐厅服务员、保洁员在内的 433 项职业资格已经被取消。在这样的背景下，依然需要“门槛”的职业的“含金量”必然得到相应提升。

29.如何获得职业资格证书?

只要是符合条件的劳动者，都可以根据申报职业规定的资格条件，申报进行某一等级的职业技能鉴定。当然，由于涉及特殊职业所必备的特殊技能，办理职业资格证书自然会有一套严谨的程序。

首先，劳动者需要向当地职业技能鉴定所（站）提出职业技能鉴定报名，填写职业技能鉴定申请表。报名时，需携带本人身份证、培训毕（结）业证书、技术等级证书或工作单位劳资部门出具的工作年限证明等。

其次，劳动者需要参加职业技能鉴定考试，包括理论知识考试和操作技能考核，内容主要是职业知识、操作技能和职业道德。具体题目依据国家职业（技能）标准、职业技能鉴定规范（考试大纲）和相应教材来确定。其中，理论知识考试通常采用笔试的方式进行，操作技能考核则采取工作现场操作、模拟现场操作、问题答辩等方式进行，分别采用百分制计分。两部分考试成绩都在60分以上为合格，80分以上为良好，95分以上为优秀。

劳动者考核合格以后，当地职业技能鉴定指导中心将按照国家规定统一办理证书，加盖职业技能鉴定机构专用印章，经同级劳动保障行政部门或行业部门劳动保障工作机构验印后，由职业技能鉴定所（站）送交本人。

30.参加职业技能鉴定需要什么条件？

我国现行的职业资格共分为五级，分别是职业资格一级（高级技师）、职业资格二级（技师）、职业资格三级（高级工）、职业资格四级（中级工）和职业资格五级（初级工）。参加不同级别的职业技能鉴定，申

报时需要的资格条件各不相同。劳动者在确定申报的级别前，一定要反复确认相关部门发布的鉴定公告所列的要求，免得因为申报有误浪费时间和精力。

通常来说，学徒期满的在职职工可以参加初级鉴定，取得初级技能证书并连续工作5年以上的人员可以参加中级鉴定。取得中级技能证书5年以上、连续从事本职业（工种）生产作业不少于10年的劳动者，或是经过正规的高级技工培训并取得结业证书的人员，可以参加高级鉴定。参加技师鉴定的人员必须取得高级技能证书，具有丰富的生产实践经验和操作技能特长，能解决本工种关键操作技术和生产工艺难题，具有传授技艺和培养中级技能人员的能力。参加高级技师鉴定的人员，除了必须符合任技师3年以上的条件外，还需要更强的带领技师进行技术革新和技术攻关的能力。

职业技能鉴定是一项社会公益性事业，有关部门一直在坚决打击乱办班、乱考核、乱发证的现象。劳动者一旦发现职业技能鉴定工作中的违纪现象，可以直接到当地劳动保障行政部门或职业技能鉴定指导中心投诉，由劳动保障部门按有关规定进行查处。

31.工作岗位上有没有“免费学习”的方法?

提升自己的技能水平不是只有花钱上课这样一条路。在工作岗位上，劳动者完全可以借助企业提供的场地和设备，不断尝试和练习工法和技法，同时虚心向身边的

“能人”请教，巧妙运用三种“岗位免费方法”，尽快使自己从生手变成熟手，再从熟手变成高手。

一是拜师学习法。初到工作岗位，首先仔细观察身边的工友们，看看谁是解决现场疑难杂症的工匠，谁是愿意传授技艺的老师。一旦认准，就要主动拜

师。拜师以后，不要怕吃苦受累，要眼中有活儿，主动给师傅打好下手，时刻保持学习的心态，并且反复揣摩学来的知识和技能，消化转变成自己的能力。

二是故障学习法。工作现场出现故障时，要主动守在现场，注意观察事故处理人员采取的紧急措施，揣摩解决故障的思路和办法，充分抓住免费学习与提高的机会。现场经历越多，自己才越有经验，最终也才能提高自己处理问题的能力和水平。遇到故障总是躲着走的人，很难取得进步。

三是目标学习法。给自己确定一个在技能上追赶的目标，可以是身边的优秀员工，也可以是企业里的技能高手，还可以是行业内的先进榜样。对照这一目标人物的成功路径和经验，找出自己的思维差距和技能差距，制订学习赶超计划，激励自己付诸行动，持之以恒。

32.新市民能不能参加职工职业技能大赛?

全国职工职业技能大赛是国家一类技能比赛当中规模最大的比赛，由全国总工会、科学技术部、人力资源和社会保障部、工业和信息化部共同举办。技能

技能大赛

大赛的参赛人员不受学历和职业的限制，新市民只要具备相应的职业资格和综合能力，都可以报名参赛。

对于新市民来讲，技能大赛是可以改变自己人生的重要舞台。它打破了以往传统的职业晋升中的“论资排辈”和“条条框框”，让真正的技术高手公开展示自己的能力和才华。每次技能大赛，全国总工会都要授予各工种决赛前三名选手“全国五一劳动奖章”，人力资源和社会保障部会授予前5名选手“全国技术能手”称号，前20名选手还可以直接晋升职业资格。在地方举办的初赛和复赛中获得优异名次，同样会得到相应的荣誉和奖励。

更重要的是，如果能够参加技能大赛，劳动者不仅可以在高强度的赛前训练中不断成长，更有可能和同台竞技的技术高手成为好伙伴，在技艺切磋中发现自己的不足，为今后的技能学习明确方向。

权益篇

33.劳动者有哪些基本权益?

我国《宪法》规定，中华人民共和国公民有劳动的权利和义务。一个公民既有劳动的权利，同时又有劳动的义务。《劳动法》进一步明确规定，“劳动者享有平等就业和选择职业的权利、取得劳动报酬的权利、休息休假的权利、获得劳动安全卫生保护的权利、接受职业技能培训的权利、享受社会保险和福利的权利、提请劳动争议处理的权利以及法律规定的其他劳动权利”。其中，劳动权是公民享有其他一切权利的基础。

34.为什么要参加社会保险?

生老病死是每个人必须经历的，如果没有社会保险，就要全部花自己储蓄的钱，有了社会保险负担会轻很多。社会保险作为公民基本养老保险，就是把自己左口袋的钱放一点到右口袋里去，实际上是一个小钱变大钱的过程，让人有能力抵抗风险，加强生活保障。

社会保险包含养老、医疗、生育、工伤和失业5个险种，属于国家强制保险。在日常生活中，感冒发烧和常规疾病住院都需要支付不少医疗费用，遇上重大疾病更可能动辄支付十几万元乃至几十万元。劳动者到了退休年龄以后，还需要保证稳定的收入以维系一定的生活水平。所以，在工作岗位上参加社会保险，也是在为自己的退休生活早作安排，有效降低医疗费用支出，规避可能出现的工伤、失业以及疾病等风险。

35.企业不给足额缴纳保险怎么办？

很多用人单位为节约成本，逃避法律责任，故意不为劳动者缴纳社会保险，导致劳动者的合法权益受到严重侵犯。不缴纳社会保险会给劳动者造成相应的损失，比如导致劳动者在达到法定退休年龄以后，不能根据国家法律规定按月领取社会养老保险金，发生工伤不能享受工伤保险待遇等。

用人单位不缴社会保险的行为严重侵害了职工的合

法权益，用人单位应为其违法行为承担法律后果。《社会保险法》第六十三条对于企业未足额缴纳社会保险做出明确规定，“用人单位未按时足额缴纳社会保险费的，由社会保险费征收机构责令其限期缴纳或者补足”。

如果劳动者遭遇企业不给足额缴纳保险，可以向人社部门、劳动保障监察大队等相关部门投诉。

36.去新的城市就业，原来缴纳的社保怎么转移？

从一个城市到另一个城市打工，尤其在全国产业调整中，大批新市民随着工厂走，这时候，就会出现社保需要异地转移的问题。

根据《国务院办公厅关于转发人力资源社会保障部财政部城镇企业职工基本养老保险关系转移接续暂行办法的通知》(下文简称为《通知》) 第八条的规定，参保人员跨省流动就业的，按下列程序办理基本养老保险关系转移接续手续：

（一）参保人员在新就业地按规定建立基本养老保险关系和缴费后，由用人单位或参保人员向新参保地社保经办机构提出基本养老保险关系转移接续的书面申请。

（二）新参保地社保经办机构在 15 个工作日内，审核转移接续申请，对符合本办法规定条件的，向参保人员原基本养老保险关系所在地的社保经办机构发出同意接收函，并提供相关信息；对不符合转移接续条件的，向申请单位或参保人员做出书面说明。

（三）原基本养老保险关系所在地社保经办机构在接到同意接收函的 15 个工作日内，办理好转移接续的各项手续。

（四）新参保地社保经办机构在收到参保人员原基本养老保险关系所在地社保经办机构转移的基本养老保险关系和资金后，应在 15 个工作日内办结有关手续，并将确认情况及时通知用人单位或参保人员。

《通知》第九条规定，农民工中断就业或返乡没有继续缴费的，由原参保地社保经办机构保留其基本养老保险关系，保存其全部参保缴费记录及个人账户，个人账户储存额继续按规定计息。农民工返回城镇就业并继续参保缴费的，无论其回到原参保地就业还是到其他城镇就业，均按前述规定累计计算其缴费年限，合并计算其个人账户储存额，符合待遇领取条件的，与城镇职工同样享受基本养老保险待遇；农民工不再返回城镇就业的，其在城镇参保缴费记录及个人账户全部有效，并根据农民工的实际情况，或在其达到规定领取条件时享受城镇职工基本养老保险待遇，或转入新型农村社会养老保险。

37.社会医疗保险能给劳动者提供什么保障？

社会医疗保险是国家和社会根据相关的法律法规，为向保障范围内的劳动者提供患病时的基本医疗需求保障而建立的社会保险制度。对个体劳动者而言，参加社会医疗保险后，个人在就医过程中的经济负担会减轻很多。

我国的社会医疗保险由基本医疗保险和大额医疗

救助、企业补充医疗保险以及个人补充医疗保险几个层次构成。

所谓基本医疗保险，是指保证职工在患病时能得到目前所能提供给他的、能支付得起的、适宜的治疗技术，包括基本药物、基本服务、基本技术和基本费用等内容。

大额救助医疗保险是针对参保人员因病住院或部分特殊病种门诊治疗发生的，医疗费用超过基本医疗保险统筹基金最高支付限额而建立的一种补充医疗保险制度。

在特别门诊及住院方面，大额医疗互助报销的是一年内超过统筹基金报销封顶线的费用，普通门诊起付线是2000元（相当于免赔额，2000元以上报销50%，最多可报销2万元）。特别门诊和住院报销，它报销的是超过统筹基金封顶线（7万元）的那部分费用，可报销70%，最多10万元。

企业补充医疗保险是指企业在参加基本医疗保险的基础上，根据自身的经济承受能力，本着自愿的原则，自出资金，对本企业职工超出基本医疗保险基金支付以外的医疗费用，实行医疗补助的医疗保险。个人不缴纳企业补充医疗保险费。

此外，由于不是所有病种和药品都在医保目录中，因此，个人还可以根据需要购买商业医疗保险和意外保险，以应对可能出现的就医经济压力。

38.工伤保险能给劳动者提供什么保障？

工伤保险，又称职业伤害保险。工伤保险是通过社会统筹的办法，集中用人单位缴纳的工伤保险费，建立工伤保险基金，对劳动者在生产经营活动中遭受意外伤害或职业病，并由此造成死亡、暂时或永久丧失劳动能力时，给予劳动者及其家属法定的医疗救治以及必要的经济补偿的一种社会保障制度。这种补偿

既包括医疗康复所需费用，也包括保障基本生活的费用。

劳动者一旦发生工伤事故，要注意留好相关证据，向相关人社部门申请工伤鉴定。根据不同等级，享受不同待遇。劳动者因工负伤或因职业病暂时失去劳动能力，责任在个人或在企业的，都享有社会保险待遇，即遵循补偿不究过失原则。

39.生育保险能给劳动者提供什么保障?

生育保险是国家通过立法，在怀孕和分娩的妇女劳动者暂时中断劳动时，由国家和社会提供医疗服务、生育津贴和产假，对生育的职工给予必要的经济补偿和医疗保健的社会保险制度。

我国生育保险待遇主要包括两项：一是生育津贴，二是生育医疗待遇。其宗旨在于通过向职业妇女提供生育津贴、医疗服务和产假，帮助她们恢复劳动能力，重返工作岗位，从而体现国家和社会对妇女在这一特殊时期给予的支持和爱护。其内容主要包含：

生育产假。女职工生育或流产，按照国家和省的有关规定享受产假。女职工生育产假为98天；女职工生育为剖宫产的，增加产假15天；女职工生育多胞胎的，每多生育一婴，增加产假15天；女职工属晚育的，增加产假30天；女职工怀孕不满2个月流产的，产假为15天；怀孕满2个月（含2个月）不满4个月

流产的，产假为30天；怀孕满4个月（含4个月）以上流产的，产假为42天。

生育津贴。女职工在规定的产假期间，享受生育津贴。生育津贴以职工本人上年度月平均缴费工资为标准，按应享受的生育产假天数计发。生育津贴由社会医疗保险经办机构从生育保险基金中支付。

生育医疗费。女职工怀孕后，应按规定到定点医疗机构检查、生育或流产，社会医疗保险经办机构按照定额标准拨付生育医疗费。

需要注意的是，女职工经定点医疗机构诊断，确需进行剖宫产生育的，按规定享受剖宫产生育津贴和生育医疗费；自行要求剖宫产生育的，按顺产标准计发生育津贴和生育医疗费。

40.住房公积金应该怎样使用？

住房公积金，是指国家机关、国有企业、城镇集体企业、外商投资企业、城镇私营企业及其他城镇企业、事业单位、民办非企业单位、社会团体及其在职职工缴存的长期住房储备金，是国家、单位、职工三方共同筹集资金，主要以发放低息个人住房贷款的形

式，帮助缴存职工解决住房问题。

近年来，随着公积金提取范围的不断增加，根据相关规定，有下列情况的，职工可以申请支取本人账户内的住房公积金：(1) 购买、建造、翻建、大修自住住房的；(2) 还购房贷款本息的；(3) 租房（含本市公共保障房）用于自住；(4) 离休、退休的；(5) 死亡或者被宣告死亡的；(6) 出境定居的；(7) 完全丧失劳动能力，并与单位终止劳动关系的；(8) 户口迁出本市并与单位终止劳动关系及非本市户口职工与单位终止劳动关系的；(9) 因参军、上学与单位终止劳动关系的；(10) 被判处刑罚并与单位终止劳动关系的；(11) 住房公积金转入集中封存账户两年后仍未重新就业的；(12) 被纳入城镇居民最低生活保障范围或特困救助范围的；(13) 职工家庭成员（包括本人、配偶、子女、夫妻双方父母）患重大疾病，造成家庭生活严重困难的；(14) 职工家庭因遇有不可预知的突发事件、自然灾害引起家庭大额资金支出，造成家庭生活严重困难的；(15) 支付物业费的。

41.年休假是怎么一回事儿？

年休假，是国家根据劳动者工作年限和劳动繁重紧张程度每年给予的一定期间的带薪连续休假。机关、团体、企业、事业单位、民办非企业单位、有雇

工的个体工商户等单位的职工连续工作1年以上的，享受带薪年休假。

职工累计工作已满1年不满10年的，年休假5天；已满10年不满20年的，年休假10天；已满20年的，年休假15天。国家法定休假日、休息日不计入年休假的假期。

职工有下列情形之一的，不享受当年的年休假：(1)职工依法享受寒暑假，其休假天数多于年休假天数的；(2)职工请事假累计20天以上且单位按照规定不扣工资的；(3)累计工作满1年不满10年的职工，请病假累计2个月以上的；(4)累计工作满10年不满20年的职工，请病假累计3个月以上的；(5)累计工作满20年以上的职工，请病假累计4个月以上的。

单位根据生产、工作的具体情况，并考虑职工本人意愿，统筹安排职工年休假。年休假在1个年度内可以集中安排，也可以分段安排，一般不跨年度安排。单位因生产工作特点确有必要跨年度安排职工年休假的，可以跨1个年度安排。

单位确因工作需要不能安排职工休年休假的，经职工本人同意，可以不安排职工休年休假。对职工应休未休的年休假天数，单位应当按照该职工日工资收入的300%支付年休假工资报酬。

42.企业不给安排年休假怎么办？

年休假一般根据劳动者个人意愿和企业生产的需要安排。按照《职工带薪年休假条例》规定，如果企业不给安排年休假，劳动者可以按照条例到以下部门进行投诉：县级以上地方人民政府人事部门和劳动保障部门。企业相关部门应当主动对单位执行本条例的情况主动进行监督检查。

单位不安排职工休年休假又不依照本条例规定给予年休假工资报酬的，由县级以上地方人民政府人事部门或者劳动保障部门责令限期改正；对逾期不改正的，除责令该单位支付年休假工资报酬外，单位还应当按照年休假工资报酬的数额向职工加付赔偿金；对

拒不支付年休假工资报酬、赔偿金的，属于公务员和参照公务员法管理的人员所在单位的，对直接负责的主管人员以及其他直接责任人员依法给予处分；属于其他单位的，由劳动保障部门、人事部门或者职工申请人民法院强制执行。

43.加班工资应当怎样计算？

按照相关规定，用人单位在元旦、春节、国际劳动节、国庆节、法律法规规定的其他休假节日，应该依法安排劳动者休假。针对不同时间的加班，法律规

定的加班工资也不尽相同。

具体来说，平时晚上的加班费是本人工资的150%，双休日是200%，国家法定节假日是300%。但这只是国家规定的比例，加班费发放额的关键是工资基数。

职工加班费的基数可以由企业和职工协商来确定，否则企业应按照劳动者本人正常劳动应得的工资确定。企业计算加班工资的工资基数，首先应当按照劳动合同约定的劳动者本人所在岗位相对应的工资标准确定。如果劳动合同、集体合同没有约定的，职工代表可与用人单位通过工资集体协商确定，协商结果应签订工资集体协商协议(用人单位经批准实行不定时工作制度的，则不执行上述规定)。如果用人单位与劳动者无工资约定，加班工资的计算基数统一按劳动者本人所在岗位正常出勤的月工资的70%确定。日工资计算是以基数除以每月平均工作天数，即21.75天。

44.劳动者应当了解哪些劳动法律法规？

(1)《中华人民共和国劳动法》。《劳动法》是对劳动关系全面的阐述，对促进就业、劳动合同和集体

合同、工作时间和休息休假、工资福利、劳动安全卫生、女职工和未成年工特殊保护、职业培训、劳动争议与法律责任等问题作了明确的规定。

(2)《中华人民共和国劳动合同法》。《劳动合同法》最直接地保护劳动者的合法权益。比如，规定了企业不签劳动合同要付给劳动者双倍工资，试用期内违反试用期规定要支付赔偿金，违法解除劳动合同，要支付赔偿金，解除劳动合同要支付经济补偿等一系列能给劳动者带来实际利益的对于企业违法行为的惩罚性规定。

(3)《中华人民共和国劳动争议调解仲裁法》。《劳动争议调解仲裁法》可以说是维权的指路标，用法律的形式规定了一系列有利于劳动者降低维权成本、快速维权、成功维权的规定。比如，部分争议“一裁终局”、仲裁处理时限缩短、劳动争议仲裁免费、举证责任倒置情形增加、仲裁时效延至一年等规定，这使得劳动者不再因为劳动争议仲裁及诉讼周期长、程序烦琐而放弃自己的正当权利。

(4) 《劳动合同法实施条例》。它是对《劳动合同法》更详细、更明确的解释和澄清。

45.劳动者应当了解哪些民事法律法规?

我国的民事法律有很多，大致分为实体法和程序法两类。实体法是指以《民法通则》为母法的一切法律法规，如《合同法》《婚姻家庭法》《物权法》《继承法》等法律；程序法有《民事诉讼法》等。我国的民事法规就更多了，主要是最高人民法院针对各民事法律的司法解释等。

劳动者学习一些与个人权利义务密切相关的法律知识，很有必要。尽管我们不愿意去打官司，但总免不了会遇到一些与法律相关的问题。比如财产问题、婚姻问题、劳资问题、合同问题、子女问题、消费问题……如果不了解法律，很容易落入别人的陷阱而不

知，即便醒悟了，也不知道应该怎么应对，难以利用法律的武器来维护自己的合法权益。因此，劳动者在遇到具体问题时，应当及时查询相关法律法规。一般来说，当事人需要有主张权利的相关证据，也要注意民事诉讼的时效。

民事诉讼时效通常情况下为两年，下列诉讼的时效期间为一年：身体受到伤害要求赔偿的；寄存财物丢失或者被损毁的等。诉讼时效期间从知道或者应当知道权利被侵害之日起计算；从权利被侵害之日起超过二十年的，人民法院不予保护。有特殊情况的，人民法院可以延长诉讼时效期间。

46.和用人单位发生了劳动争议怎么办?

劳动争议又称劳动纠纷，是指劳动关系当事人之间因劳动权利和义务产生分歧而引发的纠纷。与其他纠纷和争议相比，劳动争议有其独特之处。

劳动者与用人单位发生劳动争议后，处理程序包

括协商、调解、仲裁和诉讼。发生劳动争议，劳动者可以与用人单位协商；当事人不愿意协商、协商不成或者达成和解协议后不履行的，可以向调解组织申请调解；不愿意调解、调解不成或者达成调解协议后不履行的，可以向劳动争议仲裁委员会申请仲裁；对仲裁裁决不服的，除另有规定的外，可以向人民法院提起诉讼。

47.申请劳动仲裁时要注意哪些问题?

劳动仲裁是指法律授权的专门机构，依照国家劳动法律法规规定成立的劳动争议仲裁委员会，根据当事人的申请，遵循法律规定的原则和程序，对用人单位与劳动者发生的劳动争议进行调解和裁决的一项劳动法律制度。

劳动争议仲裁申请是指一方当事人，认为另一方当事人侵害其合法权益，依法向劳动争议仲裁委员会提出申请，要求仲裁机构对劳动争议进行仲裁，以保护其合法权益的行为。

在提起仲裁申请时，劳动者应当注意以下问题：

（1）申请劳动争议仲裁的主体必须是具有劳动关系并发生劳动争议的劳动者和用人单位；劳动者和用人单位也可以委托代理人代为提出劳动争议仲裁申

请。这里，证明存在劳动关系至关重要。

(2) 劳动争议申请仲裁的时效期限一般为一年。仲裁时效期间从当事人知道或者应当知道其权利被侵害之日起计算。超过一年，当事人就因超过时效而失去了这一权利，不能再就该劳动争议事项向劳动争议仲裁委员会提出申请。仲裁是诉讼的前置程序，也就是说，当事人要想到法院打官司，就应该先进行仲裁。只要当事人提出仲裁申请，无论仲裁结果如何，当事人向法院起诉，法院都应受理。

(3) 仲裁申请书是申请人申请劳动争议仲裁必须提交的书面材料。在申请书中，有三方面的主要内容：当事人双方的基本情况；仲裁请求及事实、理由；证据和证据来源、证人姓名和住所。一般情况下，当事人应当对自己的主张提供证据。有关证据由用人单位掌握时，提供相关证据就成为用人单位的责任。同时，提供证据不应当超过仲裁委员会指定的期限。

(4) 劳动者对仲裁裁决不服的，可以在收到仲裁裁决之日起十五日内向人民法院提起诉讼。如果劳动者超过十五日未对仲裁裁决提起诉讼，即可以认为劳动者同意仲裁裁决，并应当及时履行仲裁裁决判定的相关义务。

48.工资被拖欠时该怎么办?

新市民工资被拖欠，甚至是被恶意拖欠的情况屡有发生，已经成为社会共同关注的问题。对个体而言，遇此情况时，首先还是应该平复愤怒情绪，冷静理智地寻求问题解决之道。

如果工资被拖欠了，可以向当地劳动执法部门举报，劳动部门的执法监察人员会帮助协调解决；也可以到当地的劳动争议仲裁机构去申请仲裁，如果对仲裁不服，也可以到人民法院起诉、强制执行；如果没钱打官司，也可以申请减免诉讼费。总之要借助政府、法律的帮助，获得应得的报酬。

与此同时，劳动和社会保障部门已要求各地，重视对新市民合法权益的保护，把企业恶意拖欠、克扣新市民工钱，作为劳动保障监察执法的重点，依法严厉查处克扣新市民工资的违法行为，责令用人单位补清所拖欠的工资，保障新市民合法权益。

值得新市民特别注意的是，在日常的劳动关系存续期间，应注意收集相关证据，以便在遭遇欠薪时为维权提供有力证据。它们主要有：能证明双方存在劳动关系的证据；能证明新市民在此单位上班的证据。这些证据主要有劳动合同、工作证、上岗证、考勤记录、工友的证明、工资单或银行交易记录、与领导通话的电话录音等。如果能设法由单位直接出具结欠工资的证明或欠条，则最好。

49.劳动者应该享有的特殊津贴有哪些？

津贴是为了补偿劳动者在特殊劳动条件和艰苦环境下付出的额外和特殊的劳动消耗而支付的报酬。主要包括为保障在特殊环境和岗位上工作的劳动者的身体健康而建立的津贴，如高温、井下、粉尘、有毒环境以及接触放射线等或为在特殊地区工作的职工发放的高温津贴、野外津贴、井下津贴、卫生防疫津贴、地区津贴等；为补偿职工额外劳动消耗而建立的津贴，如加班加点津贴、班组长津贴等；职务或技术性津贴，如职务津贴、科研津贴等；年功性津贴，如工龄津贴、教龄津贴、科研津贴等。

高温津贴：用人单位安排劳动者在35℃以上（包括35℃）高温天气从事室外露天作业以及不能采取有效措施将工作场所温度降低到33℃以下（不包括33℃）的，应当向劳动者发放高温津贴，并纳入工资总额。以北京为例，高温津贴发放时间为6月至8月，在室外露天作业的，每人每月不低于180元；在33℃（含33℃）以上室内工作场所作业的，每人每月不低于120元。

加班津贴：法律对加班津贴并没有强制要求，用人单位可以根据经营特点及企业需要决定是否设定和执行加班津贴制度。加班工资是法律给用人单位设定的一项法定义务，并不等同于加班津贴，用人单位支付了加班津贴不能免除支付加班工资的法定义务。

夜班津贴：国家并未出台过夜班津贴的相关规定，各地则出台了相应的标准，但呈现参差不齐的状况，有些省市的津贴仍旧按照20世纪90年代的标准执行。

生育津贴：是生育保险基金给女职工发放的生育期间的工资，即产假工资。在女职工休产假期间，单位可以不支付其工资，这期间的工资由生育保险基金来支付。

高龄津贴：这是针对高龄老人实行的一种社会保障制度。北京、天津、河北等26个省（区、市）已出台了高龄津贴补贴政策，天津市给予该市百岁老人的津贴为每月500元，标准最高。建立高龄津贴的26个省份中，大多数省份对80岁以上的本地户籍老人发放高龄津贴或营养费。发放高龄津贴门槛最低的省份为青海和陕西，两地均规定，70岁以上的老人均可享受高龄津贴。

50.什么是法律援助?

法律援助是指由政府设立的法律援助机构组织法律援助人员，为经济困难或案件特殊的人提供法律服务的一项法律保障制度。

法律援助的形式有：(1) 解答法律咨询、代拟法律文书；(2) 刑事辩护和刑事代理；(3) 民事、行政诉讼代理；(4) 非诉讼法律事务代理；(5) 办理公证证明；(6) 其他形式的法律服务。

法律援助机构提供的法律援助范围有：

（1）行政、民事类：①依法请求国家赔偿的；②请求给予社会保险待遇或者最低生活保障待遇的；③请求发给抚恤费、救济金的；④请求给付赡养费、抚养费、扶养费的；⑤请求支付劳动报酬的；⑥主张因见义勇为行为产生的民事权益的；⑦交通事故、医疗事故、工伤事故或者其他人身损害事故的受害人，追索医疗费用和赔偿的法律事项；⑧残疾人、未成年人、老年人追索侵权赔偿的；⑨其他需要提供法律援助的事项。

（2）刑事代理：①犯罪嫌疑人在被侦查机关第一次讯问后或者采取强制措施之日起，因经济困难没有聘请律师的；②公诉案件中的被害人及其法定代理人或者近亲属，自案件移送审查起诉之日起，因经济困难没有委托诉讼代理人的；③自诉案件的自诉人及其法定代理人，自案件被人民法院受理之日起，因经济困难没有委托诉讼代理人的。

（3）刑事辩护：①公诉人出庭公诉的案件，被告人因经济困难或者其他原因没有委托辩护人的；②被告人是盲、聋、哑或者未成年人而没有委托辩护人的；③被告人可能被判处死刑而没有委托辩护人的。

51.哪些情形下劳动者可以拒绝上岗？

《劳动合同法》第三十二条规定：“劳动者拒绝用人单位管理人员违章指挥、强令冒险作业的，不视

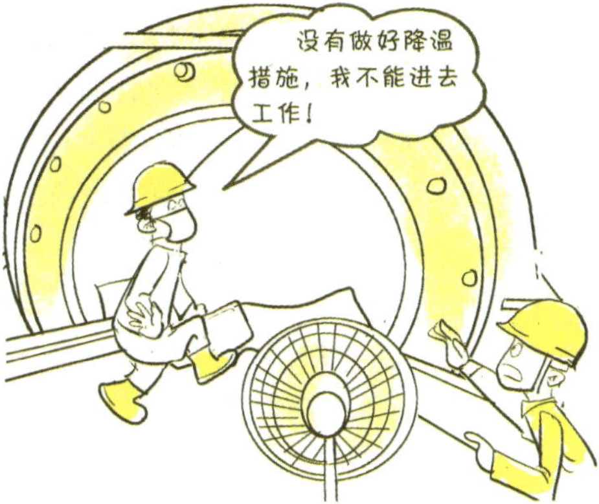

为违反劳动合同。劳动者对危害生命安全和身体健康的劳动条件，有权对用人单位提出批评、检举和控告。”这一规定明确了劳动者在劳动安全卫生方面享有的权利和承担的义务，与《劳动法》第五十六条规定基本一致，但强调了“不视为违反劳动合同”。

劳动者面对以下六类情况，拥有“拒绝权利”：

（1）有权拒绝强行加班。正常情况下用人单位要求劳动者延长工作时间，首先必须是由于生产经营需要，其次要与工会和劳动者协商，用人单位不得强迫劳动者加班。怀孕 7 个月以上和在哺乳未满 1 周岁婴儿的女职工任何情况下都可以拒绝加班。

（2）有权拒绝续签劳动合同。用人单位没有维持或者降低劳动合同约定条件续订劳动合同的，劳动者有权不同意续订，并可向用人单位追讨经济补偿。

（3）有权拒绝用人单位单方变更劳动合同，比如调整岗位和工作地点，随意降薪、降职等。

（4）在不知情的情况下，劳动者有权拒绝从事存在职业病危害的作业，用人单位不得因此解除或者终止与劳动者所订立的劳动合同。

（5）劳动者有权拒绝用人单位管理人员违章指挥、强令冒险作业，对危害生命安全和身体健康的劳动条件，有权对用人单位提出批评、检举和控告。

（6）在高温、高湿天气下，患有心、肺、脑血管性疾病、肺结核、中枢神经系统疾病及其他身体状况不适合高温、高湿作业的劳动者，有权拒绝用人单位安排的高温作业。

52.被老板无故辞退时怎么办？

劳动者被用人单位无故辞退，可以首先尝试与用人单位进行协商，若协商不行，劳动者可以向劳动争议调解委员会请求调解。调解申请应当自知道或应当知道权利被侵害之日起 30 日内提出。如果调解不成，将进入劳动仲裁程序。劳动者申请劳动争议仲裁，应自劳动争议发生之日起 60 日内向劳动争议仲裁委员会提出书面申请。

如果对仲裁裁决不服，劳动者还可以在收到仲裁裁决书之日起15日内向人民法院起诉。但需注意，未经劳动争议仲裁委员会仲裁的劳动争议案件，法院不予受理。

无论通过哪种渠道进行维权，劳动者在遭遇无故辞退后，都应保留好相关证据。比如，拿到被辞退证明；收集一些上班时的考勤表等能够证明劳动关系的证据。在维权诉求中，劳动者可以要求支付赔偿金，即如果老板确实存在不符合相关法律规定的辞退情况，劳动者可得到2个月的工资作为赔偿，如果有加班费未支付，可以一并要求支付。如果申请仲裁，符合法律援助条件的，可以申请法律援助。

工 会 篇

53.工会是一个什么样的组织？

工会组织的产生源于西方的工业革命。当时，越来越多的农民离开农村涌入城市，在城市的工厂打工，但工资低廉且工作环境极为恶劣，在这种环境下，单个工人无力对付强有力的雇主，从而诱发了工潮，工会组织由此诞生。

在我国，唯一官方合法的全国性工会联合会即中华全国总工会，它是中国共产党领导的中国工人自己的群众组织。根据《中华人民共和国工会法》和《中国工会章程》的规定，中华全国总工会为中华人民共和国境内各级地方工会和产业工会的领导机关；其下有中国大陆31个省级总工会和多个全国性产业工会总会。中国共产党领导下的中华全国总工会是“参加中国人民政治协商会议的人民团体”之一，是免于在中华人民共和国民政部登记的社会团体。

在社会主义初级阶段，中国工会要遵循以经济建设为中心，在维护全国人民总体利益的同时，更好地表达和维护职工群众利益的指导原则，履行以下社会职能：(1) 维护职工群众的合法利益和民主权利。(2) 吸引职工参加改革，努力完成经济与社会发展任务。(3) 代表职工参与国家和社会事务的管理，参与企业、事业单位的民主管理。(4) 引导和教育职工提高自己的思想道德和文化素质。

54.为什么有困难要找工会?

农民工是我国社会转型时期的特殊群体。农民工是指有着农民身份的工人，是我国社会流动和社会分化过程中出现的新工人阶级群体。农民工为中国的工

业化、城市化和现代化建设做出了巨大贡献。农民工已经具备了工人阶级的基本特征。因此，农民工已经成为产业工人的重要组成部分，逐渐融入城市，在新时期也被称为“新市民”。

国家统计局统计数据显示，2015 年，全国农民工总量为 27747 万人，比上年增长 1.3%。其中，外出农民工为 16884 万人，增长 0.4%；本地农民工为 10863 万人，增长 2.7%。

事实上，早在 2001 年，我国新修订的《工会法》出台，第一次把进城打工的农民界定为“以工资收入为主要生活来源”的“流动工人”，在法律上肯定了农民工拥有参加工会组织的权利。这些年来，在全国总工会的持续努力下，越来越多的农民工加入了工会，进而提升了农民工“产业工人”意识，提高了他们在工资发放、劳动保护、安全生产、生活条件等合法权益的保障水平，不仅对农民工自身维权有着重要的意义，对建立和谐社会也起着重要的作用。

农民工作为中国工人阶级的一部分，加入工会后，与城市职工享有同等的权利与义务。在他们遇到困难时，工会各类品牌活动与扶助工作，都会帮助农民工渡过难关。通俗地讲，加入工会有十大好处：

(1) 当劳动权益受到侵犯时，工会帮助解决。

(2) 当工资被拖欠时，工会帮助协调。

(3) 当合法权益受到侵犯，需要诉讼时，工会提供无偿法律援助。

(4) 当个人和家庭遇到特殊困难时，工会送去温暖，提供经济救助。

(5) 当子女因家庭贫困上不了学时，工会的金秋助学活动帮孩子圆梦。

(6) 当需要找工作时，工会指导其就业；当找到新工作时，工会帮助其签订劳动合同。

(7) 当身在异乡，倍感孤独时，工会举办各类文体活动。

(8) 当需要学习文化、学技能时，工会开展教育培训的岗位练兵活动。

(9) 当对现状产生焦虑、困惑、抑郁等心理障碍时，工会提供心理咨询服务。

(10) 当到工会会员优惠服务基地消费时，持有工会会员证将得到优惠。

55. 为什么说劳动者“组织起来”才有力量?

人们常说“强资本弱劳动”，指的是劳动者在劳资博弈中处于弱势地位。劳动者要维护自身权益，就是一种博弈，而博弈需要力量。新市民分布于城市的各行各业，劳动关系复杂，就业形式多样，而且流动频繁，这就决定了新市民维权具有分散性和不确定性的特征，难以形成强大力量。新市民中许多人文化程度不高，权益意识较弱，甚至不知道自己有哪些权益，不懂得如何维护权益。即使少数新市民自发产生维权意识，采取维权行动，也往往盲目冒险，甚至可能违法违纪。个别人偶有成功，效果也十分有限，而且会付出高昂成本。

客观上，党和政府高度重视新市民维权问题，采取了一系列措施，情况已有很大改观；法律法规的完善也给新市民维权提供了强力支持与保障；社会环境也在日益向有利于新市民的方向转变。接下来的问题应该是新市民改变主观条件，即维护自身权益需要组织起来，运用集体的智慧和力量。于是，加入工会就成为新市民的必然选择。

分散的、流动的新市民个体只是劳动力，少数的亲友、同乡小团体只靠感情维系，单打独斗式的维权势单力薄，唯有组织起来，才能有效地实现维权。这一点已经被无数事实证明。各地出现的新市民主动找到工会，寻求帮助，表明了一部分新市民的觉悟。事实上，工会也在主动吸纳新市民入会，这是作为职工权益代表者和维护者的工会组织义不容辞的职责。“组织起来、切实维权”的工会工作方针，在很大程度上正是针对新市民的现实问题提出来并着手实施的。

56.怎样加入工会?

《工会法》第三条规定，凡在中国境内的企业、事业单位、机关和其他社会组织中，以工资收入为主要生活来源或者与用人单位建立劳动关系的体力劳动者和脑力劳动者，不分民族、种族、性别、职业、宗教信仰、教育程度，只要承认工会章程，都可以加入工会成为会员。

劳动者加入工会的具体程序是：(1) 本人自愿申请。由要求入会的职工向所在单位工会提出申请，填

写《中华全国总工会入会申请书》和《工会会员登记表》，报至基层工会委员会。（2）基层工会委员会批准并发给会员证。

基层工会委员会接到职工入会申请书后，应当及时召开会议，研究审查接纳职工入会事项。主要内容有：（1）申请人是否符合入会条件；（2）是否自愿；（3）是否符合入会手续。凡符合入会条件和入会手续的应当批准，批准后发给《工会会员证》。

没有建立工会组织的单位的职工，有组织和参加工会的意愿，可以向企业党组织或上级工会表达建会入会意愿。在本单位党组织和上级工会的指导下成立本单位建会筹备组。筹备组负责发展会员、筹备召开会员大会或会员代表大会。经过民主选举产生工会委员会、经费审查委员会、女工委员会和工会主席（副主席）。暂时无法建立工会的企业的职工，也可以直接向企业所在地的社区、村工会申请加入工会组织。

57.怎样接转工会组织关系？

《中国工会章程》第五条规定："会员组织关系随劳动（工作）关系变动，凭会员证接转。"会员劳动

（工作）关系发生变化后，由调出单位工会在《工会会员证》“组织关系接转”栏目中填写有关内容，并加盖公章。会员的《工会会员登记表》随个人档案一并移交。

接转工会会员组织关系，一般可由基层工会组织直接办理。职工人数比较少的小型企事业单位组成的联合基层工会，其发展会员、会员组织关系接转等工作，由联合基层工会负责。会员所在企业破产后，会员已经安置就业的，其会员组织关系转入新的用人单位工会组织；尚未安置就业或其就业单位尚未建立工会组织的，其会员组织关系移交到其居住地工会组织管理。劳务派遣工在劳务公司参加工会组织的，由劳务公司工会管理其会员关系，并将其会员关系转到用人单位代管，参加用人单位工会活动，当劳务派遣工离开用人单位时，用人单位工会将劳务派遣工的会员关系转回劳务公司工会；劳务公司没有建立工会的，用人单位工会可吸收劳务派遣工入会，其会员关系由用人单位管理。

58.工会会员有什么权利和义务?

在《中国工会章程》第三条中，规定了工会会员享有的六类权利：

(1) 选举权、被选举权和表决权。

(2) 对工会工作进行监督，提出意见和建议，要求撤换或者罢免不称职的工会工作人员。

(3) 对国家和社会生活问题及本单位工作提出批评与建议，要求工会组织向有关方面如实反映。

(4) 在合法权益受到侵犯时，要求工会给予保护。

(5) 工会提供的文化、教育、体育、旅游、疗休养事业、生活救助、法律服务、就业服务等优惠待遇；工会给予的各种奖励。

(6) 在工会会议和工会媒体上，参加关于工会工作和职工关心问题的讨论。

根据法律规定，职工加入工会、成为工会会员后享有权利的同时，也需要承担一些义务。《中国工会章程》第四条规定，工会会员应承担的义务主要有：

(1) 学习政治、经济、文化、法律、科学、技术和工会基本知识。

(2) 积极参加民主管理，努力完成生产和工作任务。

(3) 遵守宪法和法律，践行社会主义核心价值观，维护社会公德和职业道德，遵守劳动纪律。

(4) 正确处理国家、集体、个人三者利益关系，向危害国家、社会利益的行为作斗争。

(5) 维护中国工人阶级和工会组织的团结统一，发扬阶级友爱，搞好互助互济。

(6) 遵守工会章程，执行工会决议，参加工会活动，按月交纳会费。

59.职工服务中心是做什么的？

职工服务中心是由困难职工帮扶中心升级形成的工会对外综合性服务窗口。2002 年，我国第一家困难职工帮扶中心在天津成立，通过信访接待、政策咨询、生活救助、就业帮扶、法律援助等形式，对困难职工进行“一条龙、一站式”的服务和帮扶。截至 2014 年年底，全国所有地市级城市和部分县级城镇都建立了帮扶中心。

在此基础上，各地工会积极推进职工维权帮扶中心向职工服务中心转型升级，逐步形成包括“5+X”在内的服务职能。其中，“5”是指帮困、维权、就业、信访、职工医疗互助保障五项职能，“X”是指直接服务职工和基层的其他事项。

目前，新市民通过网络查询或向当地工会咨询，可以很方便地找到所在城市的职工服务中心，享受窗口化的综合性服务范围。在就业服务、政策咨询、法律援助、医疗救助、医疗互助、子女上学救助、农民工权益维护、生活服务、心理咨询、职业介绍、技能培训等方面得到工会的帮助。考虑到有的职工不便在非工作日来访或没有时间来访的实际情况，各地职工服务中心还普遍提供了预约接访、上门接访和主动约访等服务。

很多工会还通过职工服务中心专门开通了职工维权热线，24 小时保持开通状态，全天候接受包括新市民在内的所有工会会员的求助与咨询。

60.劳动者如何参与企业民主管理？

企业民主管理，主要是通过工会代表和组织发动职

工参与企业经济活动和管理活动，实施群众监督，促进企业决策民主、利益关系公平公正、职工团结和谐。由此可见，民主管理是构建和谐企业的强大动力。

我国《工会法》对职工参与企业民主管理的权利给予了保障。《工会法》第三十五条规定，国有企业职工代表大会是企业实行民主管理的基本形式，是职工行使民主管理权力的机构，依照法律规定行使职权。国有企业的工会委员会是职工代表大会的工作机构，负责职工代表大会的日常工作，检查、督促职工代表大会决议的执行。

对于集体企业，《工会法》第三十六条规定，集体企业的工会委员会，应当支持和组织职工参加民主管理和民主监督，维护职工选举和罢免管理人员、决定经营管理的重大问题的权力。

其他企业职工，比如非公有制企业职工，可以采取相应的形式，参与企业、事业单位民主管理。工会委员会负责组织以及代表职工参与用人单位的重大决策。

61.工会经费是怎么一回事儿？

工会经费是指工会依法取得并开展正常活动所需的费用。按照《工会法》的规定，工会经费的主要来源是工会会员缴纳的会费和建立工会组织的企业、事业单位、机关按每月全部职工工资总额的2%向工会

拨交的经费这两项，其中2%的工会经费是经费的最主要来源。除此之外，工会的经费还有一部分由人民政府补助，外加其他收入。

根据《工会法》的规定，工会经费主要用于为职工服务和工会活动。具体来说，基层工会经费的使用范围包括：组织会员开展集体活动及会员特殊困难补助；开展劳动者教育、文体、宣传活动以及其他活动；为劳动者举办政治、科技、业务、再就业等各种知识培训；劳动者福利事业补助；工会自身建设；培训工会干部和工会积极分子；召开工会会员（代表）大会；工会建家活动；工会为维护劳动者合法权益开展的法律咨询服务和劳动争议调解工作；慰问困难劳动者；基层工会办公费和差旅费；设备、设施维修；工会管理的为职工服务的文化、体育、生活服务等附属事业的相关费用以及对所属事业单位的必要补助。

62.什么是工会的金秋助学活动？

金秋助学活动是全国工会系统面向困难职工家庭的帮扶救助活动，旨在通过为困难职工（农民工）子女提供学费资助和生活补助，帮助他们顺利入学并完成学业。全总及各地工会除专门拨付专项活动经费外，还通过组织单位或个人与贫困学生结对帮扶、对口资助、劳模爱心帮扶等多种形式，为困难职工和农民工家庭在学子女提供多元化服务。

接受工会金秋助学活动资助的职工，应当在全国工会帮扶工作管理系统已经建档或临时建档，并有子女当年度新入读小学、中学、中专（中职）和大中专学校。同时，还需要家庭人均收入低于当地最低生活

保障线，且经政府救助后仍存在生活困难，或因突发事件、意外伤害、重大疾病等特殊原因导致生活困难。结合实际情况，各地工会规定的申请资助条件有所不同，需要申请的新市民应当提前向当地工会咨询。

经过地方工会核实并公示以后，接受资助的困难职工将得到工会直接发放的一次性助学金，资助金额由当地工会确定。目前，很多地方工会还在全面掌握困难职工家庭子女就学、升学、毕业及就业等情况的基础上，结合当前高校毕业生的就业形势，重点宣传普及政府推出的学费补偿和助学贷款代偿、就业培训和职业技能鉴定补贴、社会保险补贴、公益性岗位补贴、创业贷款和税收优惠等知识，帮助困难职工家庭子女享受政策优惠，打造从助学到助就业的“服务链”。

63.怎样用好工会建设的职工书屋?

一个人的精力和经验有限，大部分知识的获取来自阅读，前人和更多的人的经验总结构成了人类知识的积累，因此，读书是我们生活中必不可少的一部分。

职工书屋是中华全国总工会为保障广大职工特别是一线职工、新市民的基本文化权益，丰富基层职工精神文化生活，在全国工会开展的一项重要文化工程，是一项公益工程。职工书屋由全国总工会统一命名，主要建立在工人集中的企业、工业园区、重点建设项目工地。用好职工书屋成为广大职工读书的一个便捷途径。当然，前提是自己要有求知的欲望。

职工书屋配备的图书，大多是根据职工需要精心选择的，针对性很强。如果你所在企业职工书屋没有要读的书籍，可以通过工会反映，要求配送。职工书屋的存书是不断更新的，经常去阅读，始终保持学习状态，不仅可以使你读到更多的书籍，而且能够使你不断更新自己的知识储备。

职工书屋还经常组织各种读书活动，经常参加，不仅有助于增长知识，而且可以结交许多有共同志趣的朋友，让自己的生活更加丰富多彩。

为了满足广大职工数字化阅读需求，全总还开办了电子职工书屋，为广大职工群众提供了一个内容海量、富有特色、便捷时尚的数字文化阅读阵地和工会文化交流平台。电子职工书屋对于年轻职工更具吸引力、亲和力，只要下载，就可以随时阅读，把碎片化的时间充分利用起来，学习知识，增加见闻。当然，你还可以向伙伴们推荐、介绍职工书屋，让更多的人运用它，支持它。

64.为什么要警惕工会之外的所谓维权组织？

新市民维权问题日益引起广泛关注，如何帮助新市民维权也成为社会热点。在这个背景下，某些以“维权”为幌子的非法组织乘机插手劳资纠纷，煽动或组织工人闹事。媒体曾公开报道，广东有名为“打工族文书处理服务部”的所谓“维权组织”，活跃多年，其负责人更被评为“工运之星”“年度公益人物”，还获邀到国外演讲、考察、交流。事实上，该组织长期接受境外资助，频繁插手珠三角地区多宗劳资纠纷，煽动工人联署罢免某工厂工会主席，成立听命于服务部的“工会组织”；非法控制某工厂人事主管的人身自由，逼迫工厂领导就范；煽动工人围攻执法机关，造成了极恶劣的社会影响，严重扰乱了社会秩序，践踏了工人权益。显然，他们的目的不是维权，而是企图把事态的发展引到邪路上去。

需要明确的是，中国工会是职工群众利益的代表者、维护者，是一个统一的组织。中国各地各级工会都由中华全国总工会领导，没有另外“独立”的“维权组织”，脱离全总成立的“工会”都是非法的。某些打着“维权”旗号，接受境外资助，甚至受命于境外组织指挥的组织，利用劳资纠纷制造混乱，往往有着不可告人的目的。我们必须清醒地认识到，与这些非法组织争夺工人，是一场严肃的斗争。我们必须警惕境外敌对势力的渗透，坚信党和政府能够解决问题，工会组织能够帮助维权，切不可上当受骗。

65.工资集体协商是怎么一回事儿？

集体合同特别是工资专项集体合同是工会维护职工劳动经济权益的重要抓手。

工资集体协商是指职工一方与用人单位之间依法就工资分配制度、分配形式、支付办法、标准等事项，为签订集体合同进行商谈的行为。工资是职工经济权益的核心，是职工最关心、最直接、最现实的利益问题。

为切实维护收入分配权益，中华全国总工会在2011年就制定下发了《中华全国总工会

2011—2013 年深入推进工资集体协商工作规划》，明确采取灵活多样的要约形式和协商方法，依法合规、分类指导，着力推动非公企业和世界 500 强在华企业工资集体协商制度建设。此后，又积极推进行业性工资集体协商，扩大覆盖面，提高实效性。同时，继续推动有关部门加强对拖欠工资高发行业和领域的工资支付监控，努力保障职工特别是农民工按月足额领薪，促进形成完善的职工工资协商共决、正常增长、支付保障机制，促进改革发展成果更多更公平地惠及职工群众。

根据《集体合同规定》《工资集体协商试行办法》等有关规定，工资集体协商主要包括以下内容：

（1）工资分配制度。我国目前工资分配制度较为广泛，主要有等级工资制、岗位技能工资制、结构工资制、岗位薪点工资制、提成工资制、绩效工资制等。企业应从自身的生产、工作特点出发，通过工资集体协商确定适合本企业的工资分配制度。

（2）工资分配形式。这是对劳动者实际劳动付出量和相应劳动报酬所得量进行具体计算与支付的方法。从对劳动量的计量方法上区分工资分配形式，可分为计时工资和计件工资。

(3) 工资支付办法。企业工资支付办法主要包括支付项目、支付形式、支付对象、支付时间以及特殊情况下的工资支付等内容。

(4) 职工年度平均工资水平及其调整幅度。企业和工会可以就企业工资水平增长幅度、增资条件、增资时间等进行协商，使职工的实际工资水平随企业经济效益的提高得以相应提高。

(5) 加班工资。用人单位在劳动者完成劳动定额或规定的工作任务后，根据实际需要安排劳动者在法定标准工作时间以外工作的，应按本书第 43 个问题中所列标准支付其工资。

(6) 奖金、津贴、补贴。这是职工劳动收入的组成部分，应当作为工资集体协商的内容，在工资集体合同中做出约定。

(7) 工资集体合同的违约责任。这是指工资集体合同当事人一方因不履行合同或者履行合同义务不符合约定所应当承担的法律责任，是工资集体合同的重要条款。

(8) 工资集体合同的期限。这是指工资集体合同的有效存续期限，一般为一年。

66.为什么要积极参加劳动竞赛?

劳动竞赛是工会开展的职工技术经济活动的统称，主要分为生产型竞赛、智能型竞赛和技能型竞赛三类，具体包括生产竞赛、合理化建议、技术革新、技术攻关、技术协作、技术竞赛、技术培训、岗位练兵、发明创造、创新工作室和练功比武等。

对于职工而言，积极参加劳动竞赛是对自己经济权益的维护。劳动竞赛可以激发劳动者围绕提高工效、降低成本、增产增效等问题去释放自己的智慧和

潜能，通过开展高产高效赛、降本增效赛、提质创效赛等活动去创造更多的价值，最终实现企业利润的最大化，带动职工实现经济收入的增加。

更重要的是，通过积极参加劳动竞赛，劳动者可以提升个人的技能水平，最大程度地实现自己的个人岗位价值。在岗位实操中，技能提升的潜力空间始终都会存在，劳动竞赛中普遍出现的名师带徒、技术比武、攻关小组等做法，可以让劳动者彼此学习借鉴先进的工法和技法，从而提高自己的技术能力和水平，实现从单纯体力型向体力与智力综合型的转变，成为懂技术、会发明、能创新的企业人才。

除此之外，劳动竞赛还会让真正优秀的劳动者脱颖而出，既得到企业授予的各种荣誉，又得到相应的报酬和奖励。很多劳动模范、大国工匠的成长经历，就是最好的证明。

工会法

生活篇

67.城市公共服务有哪些？

从成为新市民的第一天开始，城市公共服务的大门就向每一个人打开。新市民融入城市的过程，实质上就是城市公共服务均等化的过程，也是平等享受改革与发展成果的过程。

通常来说，城市公共服务包罗万象，几乎囊括了城市生活的所有方面。其中，水、电、交通、电信等基础设施体系的运转，属于基础性的公共服务；制定规划与计划、规范监督、宏观调控、资金分配等政府行为，属于经济性的公共服务；维护城市安全与稳定的警察和消防力量，属于安全性的公共服务。

当然，与新市民关系最为密切的城市公共服务，集中在劳动就业服务、社会保险服务、基本公共教育服务、基本医疗卫生服务、基本住房保障服务和公共文化体育服务等方面。新市民可以通过政府网站、新闻媒体了解城市公共服务的内容，也可以根据自身需要向城市相关部门进行咨询。比如，向社保机构了解养老保险相关事宜，向职业介绍机构了解最新的招工就业信息。如果平时有读书和听讲座的爱好，更可以把身边的城市图书馆当成休闲的去处。

目前，各地政府部门都特意为新市民提供定向公共服务，包括为新市民提供免费的法律法规咨询，对就业困难人员实施就业援助，改善社保关系异地结转、异地就医结算等经办服务，全面解决新市民随迁子女义务教育的难题。在推进保障性安居工程建设的过程中，符合条件的新市民也逐渐有了申请廉租房和限价房的资格。

68.在城市落户安身有哪些方式？

在城市落户，首先需要办理户口迁移。《国家新型城镇化规划（2014—2020年）》提出，要放开小城

镇落户限制，放宽大中城市落户条件。目前，除了“农转非”落户和征用土地落户外，一般的外来人员还可以通过积分落户的途径获得城市户口。

所谓积分落户，是当地政府面向长期在城市稳定就业和生活的常住人口，建立一套完整的指标体系，并对每项指标赋予一定分值，总积分达到规定分值的申请人，可以申请办理当地常住户口。通常情况下，积分落户的申请人需要符合连续缴纳社会保险的年限要求，不超过法定退休年龄，没有刑事犯罪记录。申请人的积分高低，与他的就业、住所、教育背景、职住区域、创新创业、纳税、年龄、荣誉表彰、守法记录等情况直接挂钩。

当然，能够通过积分落户制度获得城市户口的人毕竟不会很多，因此，办理居住证就成了新市民共建共享城市生活的新选择。居住证是持证人在居住地居住，作为常住人口享受基本公共服务和便利。申请登记常住户口的证明，上面详细登载了持证人的姓名、性别、民族、出生日期、公民身份证号码、本人相片、常住户口所在地住址、居住地住址、证件的签发机关和签发日期。

随着国家户籍制度改革的不断推进，仅在“十三五”期间，全国就将有大约2亿城市外来人口领到居住证。有了这张证，不仅可以享受到城市提供的义务教育、基本公共就业服务、基本公共卫生服务和计划生育服务、公共文化体育服务、法律援助和其他法律服务、国家规定的其他基本公共服务，还可以按照国家有关规定办理出入境证件、申领机动车驾驶证、报名参加职业资格考试、申请授予职业资格、办理生育服务登记和其他计划生育证明材料。

69.怎样办理城市居住证?

按照国家相关规定，公民离开常住户口所在地，到其他城市居住半年以上，符合有合法稳定就业、合法稳定住所、连续就读条件之一的，可以依照本条例

的规定申领居住证。居住证的申领受理、制作、发放和签注等工作由公安机关负责。

申领居住证时，申领人应当向居住地公安派出所或者受公安机关委托的社区服务机构提交本人居民身份证、本人相片以及以下证明材料：

（1）居住地住址证明：房屋租赁合同、房屋产权证明文件，购房合同或者房屋出租人、用人单位、就读学校出具的住宿证明等。

（2）就业证明：工商营业执照、劳动合同、用人单位出具的劳动关系证明或者其他能够证明劳动者有合法稳定就业的材料等。

（3）就读证明：学生证、就读学校出具的其他能够证明连续就读的材料等。

如果申请人符合居住证办理条件，就会在15日内领到属于自己的居住证。居住证需要每年签注1次，在到达期限的前1个月内，应到居住地公安派出所或者受公安机关委托的社区服务机构办理签注手续。逾期未办理签注手续的，居住证使用功能中止，需要补办签注手续后才能恢复居住证的使用功能，但会直接影响持有人在居住地的居住年限。

70.怎样补办身份证？

居民身份证是用于证明持有人身份的证件，也是日常生活中最重要的证件，含有大量个人信息，一旦损毁或丢失会造成很多麻烦，需要尽快补办。

这里需要提醒的是，如果属于存在安全隐患的丢失情形，应在确认丢失后第一时间去办理挂失，避免身份证被人冒用办理通信、银行等业务，造成恶意欠费等问题。身份证挂失要去当地派出所办理，同时也可以在当地挂失网站或媒体上刊登挂失声明。等到公安部的失效居民身份证信息系统正式上线运行后，社会各用证部门可以进行联网核查，丢失身份证造成的严重后果将会大大降低。

以前，申领人需要去户籍地所在派出所办理身份证补办手续，这对远离家乡的外出就业人员非常不便。随着政府改进公共服务，申领人已经可以通过“居住地受理—户籍地签发—居住地制作和发放证件”这样便捷的流程，在非户籍所在地补办身份证。

具体办理补办手续时，申请人应到居住地公安机关居民身份证异地受理点申请，填写《居民身份证异地受理登记表》，缴纳证件工本费。异地受理点受理申请后，及时将受理信息传送至申请人户籍地公安机关，户籍地县级公安机关及时审核签发。居住地公安机关接到经审核签发的制证信息后，在法定时限内完成制作与核验发放，申请人凭领证回执到受理点领取证件。异地受理不增收任何额外费用。

71.签订租房合同要注意什么?

新市民要想在城市里愉快地工作生活，首先要找到一处稳定的住所。出于节约费用的考虑，可以选择那些既不处于繁华市区离工作地又不是很远的房源，交通相对便利即可。

租房最好签订合同，这是明确出租人和承租人双方权利和义务的协议，可以住得更加安心，规避潜在的纠纷风险。签订租房合同时，需要注意以下几个问题：

（1）明确基本信息。写明出租人和承租人的姓名及住址等个人情况；写明住房的具体位置和面积；写明墙壁、门窗、地板、天花板、厨房和卫生间装修情况；写明住房内的家具、家用电器、厨房设备和卫生间设备等；写明住房的产权性质、产权人，出租人与产权人的关系及是否得到产权人的委托出租住房。

（2）明确租房期限和房租支付方式。租房期限最好适度稳定，避免因为频繁搬家耗费精力。要明确合同期内出租人不得收回住房，避免房东随时将房屋改租给其他房客。要明确租金标准和租金的付款方式，明确出租人不得擅自提高房租。如果一次付清较长期限的房租，可以试着和出租人讨价还价，要求给予一些优惠。

（3）明确住房修缮责任。一般情况下，修缮住房是出租人的责任。承租人在租赁前应对住房及其内部设施进行认真检查，保证自己今后能够正常使用。不过，如果是因为承租人使用不当而造成损坏的，应当由承租人负责维修或赔偿。

签订租房合同时还需要明确违约责任，事先约定好合同变更和终止的相关事宜。可能的话，最好找正规的房屋中介公司签订协议，防止个人之间私下签约产生纠纷。

72.怎样防止租房时遇到诈骗？

新市民初到城市，人生地不熟，往往又需要马上找到住处。有的不法分子就抓住这个“机会”，采取各种欺诈手段坑害租房者。北京市发布的一份京外青

年租房状况调查结果显示，竟然有超过40%的接受调查者遭遇过“黑中介”。

盘点形形色色的租房骗局，主要分为这样几类：一是以带租房者看房为由预收租房定金，之后再也联系不上；二是把已经出租给租房者的房屋，在协议期内另行转租他人；三是假冒房东与租房者签订合同，骗取租房者的租金和押金后一走了之；四是故意提供拖欠大笔前期水电费用的房源，逼迫吃了“哑巴亏”的签约租户支付；五是在网站上发布超低价的虚假信息，诱骗租房人担心被别人租走而抢付定金和租金。

为了防止租房时遇到诈骗，首先，一定要分清房源信息的真假，不要被低价房源诱惑。其次，一定要与房东直接见面，通过认真查看身份证、房产证原件来确认房东身份，通过交谈了解房东对房屋的知情度，还可以向周边居民了解房源情况。遇到“二房东”时更要认真核对其是否具备转租资格。最后，一定要签订正规的租赁合同，最好与出租人一起到租赁房屋所在地相关部门办理房屋租赁登记备案。一旦遇到诈骗情况，应当在保存好证据的同时迅速报警，为警方侦查破案赢得时间，也可以直接起诉追究对方的违约责任或要求赔偿损失。

73.怎样申请公租房？

公租房是指由国家提供政策支持的专门面向中低收入群体出租的保障性住房，包括成套住房和宿舍型住房两种类型。作为国家住房保障体系的重要部分，公租房由政府或公共机构所有，出租价格低于市场价格，与承租者的承受能力相匹配，对承租者的收入限制要求比较宽松，特别适合具有稳定职业的新市民用来解决住房问题，减轻购买住房的经济压力。

申请公租房的新市民应当符合以下条件：一是在本地无住房或者住房面积低于规定标准；二是收入、财产低于规定标准（有的城市已经取消了收入限制）；三是在当地稳定就业达到规定年限。申请公租房时，新市民应向当地住房保障主管部门提交申请材料，并对申请材料的真实性负责。对在开发区和园区集中建设的面向用工单位或者园区就业人员配租的公共租赁住房，用人单位可以代表本单位职工申请。对登记为轮候对象的申请人，有关部门应当在轮候期内安排公租房，轮候期一般不超过5年。

公租房的房源确定后，当地有关部门会制定配租方案，并向社会公布房源的位置、数量、户型、面积、租金标准、供应对象范围、意向登记时限等内容，轮候

对象据此进行意向登记，通过复审即可通过综合评分、随机摇号等方式，成为配租对象并确定配租排序。

承租公租房的新市民需要签订合同，确定租赁期限、租金数额和支付方式，确定房屋维修责任和物业服务、水、电、燃气、供暖等相关费用的缴纳办法。公租房租赁期限一般不超过 5 年。如果承租人收入低于当地规定标准，可以依照有关规定申请租赁补贴或者减免。

74.为什么不能乘坐“黑车”？

如今，“黑车”已经成为城市公共交通很难擦掉的“牛皮癣”。这些没有合法营运资格的车辆，散布在

公交换乘枢纽、偏远居民区附近，用低于正规营运车辆的价格招揽乘客。因为收费相对较低，一些新市民把“黑车”列为平时出行的选择。然而，由于逃避了交通管理部门的管控，“黑车”比正规车辆多了许多隐患和危害。

一是交通和行车安全缺少保障。“黑车”司机没有受过从业资格培训，有的甚至没有参加过正规车辆驾驶培训，交通安全意识相对淡薄，闯红灯、逆向行驶等危险驾驶屡见不鲜，加上“黑车”中不乏报废车，且要时刻躲避营运执法检查，极易发生重大交通安全事故。

二是乘客人身安全和合法权益缺少保障。“黑车”司机身份复杂，素质参差不齐，强揽乘客和敲诈勒索乘客的事件频发，有的甚至谋财害命。有的“黑车”司机待乘客上车后随意抬价，动辄以言语、凶器进行威胁。“黑车”通常没有购买营运车辆意外险，一旦发生交通事故便百般逃脱责任，乘客往往投诉无门。

三是“黑车”司机身体健康状况缺少保障。由于不像正规营运从业人员那样定期进行体检，在执法部门查堵的“黑车”司机中，患有精神疾病或传染性疾病的占有相当的比例，成为乘客的健康甚至生命安全的重大隐患。

75.怎样便捷地购买火车票？

新市民常年在外劳作，总要有年、节返乡的时候，搭乘火车自然要买火车票。那么，怎样才能更加便捷地买到车票呢？

一是在确定返程时不妨直接购买往返票。如今，为了方便旅客返程购票，避免二次购票的麻烦，铁路部门已经推出了出售往返票的服务。新市民在购买火车票时，可以一并查询有没有直接从家乡返回城市的异地票。通常情况下，异地返程票数量不多，需要尽量提前购买，退票则十分方便，在购票站或乘车站均可办理。

二是尝试网络购票，节省购票时间成本。第一次在网上购买火车票时，应当提前认真阅读12306官方网站上的购票指导信

息，最好事先向身边有经验的朋友请教。网上购票过程中，要注意确认购买车票张数，确认始发站和终点站没有颠倒，确认地名没有输入错误。如果网络显示一直都是站票，那也不要放弃努力，可以时常上网查看，捕捉住他人退掉座票或卧铺票的机会。网络成功支付购票款后，要再次查询订单信息，核对票数、乘车人姓名、始发站、终点站、车次和乘车日期，发现问题及时变更处理，避免上车前措手不及。

76.为什么要防止非理性消费？

非理性消费是指消费者在各种因素影响下做出的

不合理的消费决策及行为。

作为新市民，进城参加了工作，有了远比在农村更多的收入，因此在消费上可能产生非理性行为。一般认为，非理性消费就是高消费，其实不完全对。事实上，它表现为两个极端：一方面是盲目攀比，讲排场，要“体面”，热衷于炫耀性、娱乐性、消遣性消费，而忽视智力性、发展性消费。导致这一现象发生的原因，是有些人小富即奢，忘记了勤俭持家的传统，也不懂得追求较高层次的精神消费活动，长此以往，反而失去了奋斗目标。另一方面，某些人丰衣足食以后，由于消费观念陈旧、落后，宁可把钱财压在箱底或存入银行，也不愿用增加的收入改善生活水平，提高生活质量，看似勤俭节约，实际上落后于时代，甚至显得与现实生活格格不入。

人的消费与欲望是紧密相连的。从某种意义上说，人的欲望是无止境的，但是消费不可无止境。即使社会的发展鼓励人们超前消费，但也有一个适度的问题。超过了一定的度，消费就成了消费者的财政负担和心理压力，而且可能加剧生产与消费之间的矛盾。反之，过分节俭，不会消费，不敢消费，其结果不仅是消费支出和消费结构的不合理，而且不利于生产发展，对于上述两种极端的非理性消费，我们都应持反对态度，尤其对前者，更需要纠正。

77.信用卡里的钱能够“随便花”吗？

如今，信用卡已经成为城市人日常消费的常见金融工具，不光可以透支使用，还有很多让人动心的优惠活动。一个经常使用信用卡并且还款记录良好的人，还可以在银行留下很好的信用记录，成为日后办理贷款等业务的“小资本”。

很多新市民也办理了信用卡，那么，信用卡里的

钱能够“随便花”吗？当然不是。有的时候，信用卡没有被激活，却突然被扣取了年费；分期付款说好免息，但还是会额外扣息……因此，在日常使用信用卡时，一定要注意避免这样几个误区：

（1）不要追求高额度。信用卡的额度最好与自己的常规消费水平相匹配，额度过高不仅可能会刺激非理性消费，卡片被盗刷产生的后果也更严重。

（2）不要超越自己的还款能力去过度消费。有些人没有那么多钱，却依赖信用卡高消费，不知不觉陷入“无钱可还”的窘迫地步，不仅要因为延迟还款增加额外支出，还会造成个人信用污点。

（3）不要轻易透支取现、分期付款和逾期还款。信用卡可以透支取现，但不要忘了那是没有免息期的，从取现的第一天就开始收取日息，并且复利计算，另外还要收取1%左右的手续费。所谓的免息分期付款，也要照常征收手续费。出现逾期还款时，每天的利息都是本金加上前一天利息所得之和的0.05%，还款越晚，罚息金额相应也就越高。

78.网购时需要注意什么？

随着互联网在日常生活中的日益普及，网络购物也变得越来越平常。坐在电脑前甚至通过手机上网，就可以浏览并且购买自己中意的产品或服务，价格往往还要比实体店便宜不少，又有快递公司送货上门，很多新市民都成了“网购一族”。

当然，作为一种全新的消费方式，互不见面的网络购物也存在着一些安全隐患。因此，新市民在进行网购时要尽量注意以下几点：

首先，要保证网购的支付安全。要避免使用公共

无线网络，及时更新杀毒软件，开启防火墙，不要随意打开陌生网址和陌生邮件，防止被黑客安装钓鱼软件。在提交信用卡号、验证码时，一定要确认是在正规购物网站，不要使用生日、电话号码等容易被破解的密码。

其次，要选择在有信誉的电商购物。上网购物要选择口碑良好的专业购物网站或店铺，注意查看网站或店主的信用度，可以参照以往买家的评价进行选择。购买商品时，要仔细观察商品图片，分辨是商业照片还是店主自己拍的实物。同时，注意保存图片或对话等网上交流信息，以便日后发生纠纷时作为证据。

最后，要在仔细检查货品和收据后再收货。由于买卖双方互不见面，收货的时候一定要打开包装仔细检查货品，确认商品与卖家描述的情况是否一致，有无残破漏损的问题。如果货品不对，要坚决不予签收。当然，收货时还要注意检查发货清单和发票，注意完整保存“电子交易单据”。

79.怎样保护自己的消费者权益?

作为消费者，我们在有偿获得商品或接受服务时，拥有受到国家法律保护的权益。这些权益主要包括人身和财产不受损害的安全保障权，也包括知悉商品或服务真实情况的知悉真情权，还包括自主选择权、公平交易权和监督批评权等。

在日常生活中，新市民遇到侵害自己消费者权益的行为时，可以直接向经营者所在市场的管理部门投诉，协商解决消费纠纷。如果协商不成，应当直接向所在地的消费者协会投诉。依照《消费者权益保护

法》，当地消费者协会将会要求被投诉商家在规定时间内处理问题。进行投诉前，最好整理出所购商品的规格、数量、价格、购买时间、购买地点、商家名称和地址等相关文字材料，不要轻易邮寄票证、原始单据及实物，以防遗失。

经过消费者协会调解处理，买卖双方的消费纠纷仍然不能达成一致的，作为消费者的一方可以向仲裁机关申请仲裁，也可以直接向当地人民法院提起诉讼。经营者提供的商品或者服务，如果被法院裁定存在欺诈行为，必须向消费者进行双倍赔偿。

需要注意的是，新市民在维护自己的消费者权益时，特别要注意时效性，不要掉进经营者用各种借口拖延的陷阱。因为类似食品、饮料这样的质量问题，如果超过一定时间，检验机构就无法检验。因此，一旦经营者在证据确凿的情况下依然故意推诿，那就要果断地通过法律渠道来解决问题。

80.怎样保护个人隐私?

个人隐私是指公民个人生活中不愿为他人公开或知悉的秘密，包括个人的私生活、日记、照相簿、生

活习惯、通信秘密和身体缺陷等，这些是受法律保护的隐私权。

在生活当中，侵犯隐私权的情况时有发生。比如，未经公民许可公开其姓名、肖像、住址和电话号码，安装窃听设备或私自拍摄他人私生活，非法刺探他人财产状况或未经本人允许公布其财产状况，私拆他人信件和偷看他人日记，泄露公民的个人材料。这些侵权行为往往给当事人造成极大的精神困扰，严重影响个人生活或家庭生活。

为了维护好自己的隐私权，新市民在工作和生活中要管理好含有自己隐私的物品，不随意向别人泄露自己的秘密。同时，尽量不参加涉及个人隐私的活动，不要轻信别人而透露自己的隐私。一旦发现自己的个人隐私被侵犯，要果断运用法律的武器维护合法权益。

随着互联网的普及，网络已经成为个人隐私泄露的重灾区。因此，不要轻易在各种网站提交个人信息，更不要以为匿名发出的文图不为人所知，因为黑客可以远程控制他人的电脑，查看发出的所有信息，甚至可以暗中启动台式机的摄像头或手机发送声音的程序，从而进行实时监视，甚至可能利用搜集的隐私进行敲诈勒索。

81.去医院看病时要注意什么？

人吃五谷杂粮，自然就会遇上求医问药的事情。如果是普通的感冒、发烧和咳嗽，可以及时到附近的社区门诊或小医院寻求诊治，一来可以节省排队等候的时间，二来可以减少就医费用。不过，如果病情比较严重或查不清楚缘由，还是要选择大医院。

去医院的时候，记得带上自己的病历资料和相关化验结果。如果有X光、CT或核磁共振检查的片子，一定要带给接诊医生。挂号最好选择对口的专业科室，如胃病可以选择消化内科，牙疼就要选择五官科。如果不太清楚自己应该选择哪个科室，可以请求分诊台的医护人员提供帮助，他们提出的建议往往更准确。

就诊时，要清楚叙述自己的病情和发病经过，包括症状开始出现的时间和身体的具体感受，以便医生做出正确诊断和鉴别，千万不要隐瞒情况，以免出现误诊。诊断后，凭医生开具的药方去划价交费和取药，并应在药房窗口核对药物的种类、数量和用法，不明白的地方立即向药房医生请教。有些病需要去医院复诊，需预先和复诊医生约好时间，复诊时要带上病历记录和检验结果。

有些医院的广告天花乱坠，新市民一定不要片面听信，以防上当受骗。凡是声称吃药能化掉结石、化

掉骨刺、根治乙肝、治愈糖尿病和牛皮癣等，均是违背科学的虚假广告。

82.哪些情形下可以享受医疗救助？

医疗救助是指国家和社会针对因为贫困而没有经济能力进行治病的公民所实施的帮助和支持，确保医疗对象可以获得基本医疗卫生服务。

根据《社会救助暂行办法》的规定，最低生活保障家庭成员、特困供养人员及县级以上人民政府规定的其他特殊困难人员可以申请相关医疗救助。救助对象经基本医保、大病医保和其他补充医保支付后，个人及其家庭难以承担的符合规定的基本医疗自负费用，由政府部门给予补助，或者减免医疗费用。

如果新市民需要申请医疗救助，应当提前准备好相关材料，包括病人身份证、病人户口簿、疾病诊断证明书、医疗费用明细清单或结算单、医疗费用发票、银行存折、家庭及其成员收入材料、家庭资产状况材料等，并向所在地区街道办事处提出，经审核、公示后确定医疗补助金额。

通常情况下，以下情形不属于医疗救助的范围：(1) 工伤、交通、打架、斗殴、酗酒和赌博等引发的事故致伤发生的医疗费用；(2) 享受民政部门定期定量救济的人员擅自到非指定医疗机构就医的，以及未经批准而转院治疗发生的医疗费用；(3) 非当地定点医院发生的医疗费用；(4) 凡不属于当地基本医疗保险支付范围的药物、药械和治疗、检查费用。

83.如何应对突发的紧急事件？

在城市生活中，难免会出现各式各样的突发紧急事件，如自然灾害、事故灾难、公共卫生事件和社会安全事件。要想沉着应对意外情况，既需要平时培养防患于未然的意识，也需要在面临紧急事件时做到头脑冷静。

对于暴雨、暴雪、地震这样的自然灾害，掌握一定的避险知识是最重要的。特大暴雨发生时，不要躲在立交桥下、地下通道等低洼处，并要远离井盖缺失的井口，留意电线落地的隐患。万一遇到地震，要迅速关掉身边的火源和电源，躲到墙体牢固的窄小空间，等待震动停止后再行撤离，在室外则要避开建筑物和广告牌，远离高压线，尽量向空旷的地方集中。

如果工作或生活场所发生火灾，要赶紧拨打火警电话 119，报警时要讲清火灾地点、起火物体、火势状况，留下自己的名字和电话，并到路口引领消防车。如果是油锅着火，千万不能泼水灭火，而应关闭炉灶的燃气阀门，用湿布或锅盖来隔绝助燃的空气。家用电器或线路起火时，一定要先去关闭电源。救火时不要贸然打开门窗，以免空气对流加速使火势蔓延。

应对突发的紧急事件，最重要的是注意观察异常情况、判断危险隐患。到了陌生的地方，应当留意附近的安全出口和避险设施，一旦情形危急可以迅速确定逃生方向。遇到盗抢威胁时，不要在力量相差悬殊的情况下贸然反抗，而应冷静应对，记住不法分子的特征，伺机报警。

84.如何做好居家生活的安全防范？

新市民在居家生活中，重点要做到防火、防盗和防诈骗。

防火方面，室内装修装饰不宜采用易燃或可燃材料，生活用火要特别小心，火源附近不要放置油瓶、纸盒等。电气线路出现破旧老化时，应当及时修理更换。教育孩子养成不要玩火的习惯，家长也不要随意丢弃烟头。停电时用来照明的蜡烛一定要放置好、安稳固，防止倾倒引燃物品。离家或睡觉前要检查电源、煤气阀门是否关闭，检查明火是否熄灭。

防盗方面，不要在家中长期存放大量现金，首饰、存折、有价证券和其他贵重物品，应当放置在不易被发现的隐蔽位置。进家门后要检查钥匙是否已从门锁上拔下，避免遗忘在门上留下盗抢隐患。遇到陌生人敲门时，应问清事由和辨明身份，不要轻易开门。

防诈骗方面，遇到送上门来的“中奖”“试用”推销，要提高警惕，不可随意轻信，以免被所谓的“好处”蒙蔽了双眼。不要轻信陌生人的电话和手机短信，接到家人遇到车祸需要抢救的电话，切勿在慌乱情绪中按照对方的要求汇款。不要轻信来电显示号码，公安机关不会通过电话询问存款账户、密码等隐私，也不可能提供所谓的“安全账户”。接到自称公检法人员要求汇款的，要求汇款到“安全账户”的，通知中奖、领取补贴要交手续费的，自称领导要求打款的电话，一律挂掉，避免上当受骗。如确有账务需要，电话还会重复打进来，到时经仔细确认后（最好经书面文件确认），再行处理。

家庭篇

85.城市生活会给夫妻关系带来什么影响?

夫妻关系是最重要的家庭关系，夫妻关系的好坏直接影响整个家庭的稳定，进而影响家庭成员的工作和生活。比较而言，城市生活和农村生活是截然不同的。比如，城市消费比较高，诱惑比较多，都会给新市民的夫妻关系带来冲击。

一方面，经济压力影响夫妻关系。看病、上学、买房都离不开钱，往往让原本不富裕的家庭显得捉襟见肘。有些夫妻在家庭支出方面不能友好协商，缺少患难意识，妻子抱怨丈夫收入太低，丈夫抱怨妻子欲望太多，这种不良情绪会放大原有的经济压力，甚至转化成影响家庭和谐的破坏力。

另一方面，情感诱惑影响夫妻关系。有的新市民独自到城市打拼，妻子和孩子留守老家，两地生活不仅清苦，也容易让丈夫在城市里的各种情感诱惑和物质刺激面前失去控制。即便夫妻两人一同生活，在城市里见多识广以后，无论丈夫还是妻子，道德观念和思想意识都会不知不觉地产生变化，进而打破夫妻之间原有的平衡。

面对这些影响，夫妻二人需要在经济压力面前患难与共，共同谋划家庭发展目标，齐心增收节支，逐渐实现生活中的各种愿望。在夫妻情感上，既要相互信任，又要自觉抵御来自家庭之外的各种诱惑，用和谐的家庭生活解除自己在城市打拼时的后顾之忧。

86.怎样认识和处理夫妻之间的矛盾冲突?

过日子免不了磕磕碰碰，夫妻之间发生矛盾冲突是很正常的事情。其实，夫妻矛盾应该是最容易调解的，因为两个人长时间生活在一起，彼此之间非常熟

悉各自的优点和缺点。发生矛盾时，多想对方的优点，别只关注对方的缺点，什么事情就都好解决了。

一是坦诚沟通。在日常生活中发生分歧后，首先要停止争吵，双方心平气和地交流，按照求大同存小异的原则去解决分歧，不要强行让对方去接受自己的意见。如果一时难以达成共识，可以把问题暂时放一放，等到双方情绪都稳定后再沟通解决，而不是固执己见，非要把事情吵出一子丑寅卯才罢休。

二是不说气话。夫妻发生矛盾时，互相指责或揭短根本无助于解决问题，还容易伤害感情，导致情绪失控产生更加严重的后果。因此，夫妻之间一定要坚持就事论事，以理服人，不能什么话解气就说什么，更不能把“离婚”挂在嘴上，避免这种有口无心的气话在对方心中留下阴影。丈夫更要注意绝对不能动手，否则一巴掌也许会打消多年的感情。

三是内部解决。很多婚姻中的事情，原本就没有严格的是非与对错，夫妻之间发生的问题还是要靠夫妻双方来解决，千万不要让家人或朋友介入进来，特别是要避免双方的父母加入其中。如果碰到偏袒自己子女的父母，只会让夫妻之间的隔阂越来越深，矛盾越来越大。

87.在城市里应该怎样找对象？

城市里的工作和生活节奏都紧张，远在家乡的父母也难以帮上忙，找对象便成了需要新市民自己上心

的事情。那么，在城市里应该怎样找对象呢？

首先，要理性认知自身条件，结合自身的兴趣爱好选择脾气相投的异性进行交往。男青年不要过于苛求对方的容貌、身材，毕竟，家庭生活不是演电影，子女教育和父母赡养都需要心地善良的妻子，仅凭容貌解决不了问题。女青年则不要过于苛求对方的物质条件，对于年轻人来说，有事业心和发展潜力才是最重要的，房子、车子等物质条件可以慢慢积累。

其次，交往过程中要注意相互尊重，不要说容易让对方感到失望或受到伤害的话，在享受对方关心的同时也要关心对方。在对方的亲朋好友面前，要表现得举止得体，言辞睿智。恋人之间发生矛盾时，万万不可感情用事，不要逞口舌之勇、得理不饶人，而应学会宽容。

最后，不能脚踏两只船。恋爱双方都有独立的人格，偶尔要让彼此呼吸新鲜的空气，给自已和对方留一定的空间。但是，既然已经确定了恋人关系，就要在异性朋友交往上保留一定的分寸，不可脚踏两只船。

88.越来越流行的网恋靠谱吗?

互联网正在不断改变着人们的生活，网恋也因此成为很平常的事情。一些年轻人通过社交软件“相识”并相互了解，在网络世界里追求情感生活，试图通过这样的方式找到人生伴侣。那么，越来越流行的网恋到底靠不靠谱?

和当面交往相比，不确定性是网恋最大的隐患。在网络世界里，男女双方通过社交软件联系交流，除了社交账号、手机号码，很难掌握对方更多的准确信

息。一旦对方不再登录账号或变更手机号码，两人之间便会完全失去联系。

但是，很多年轻人又热衷于网恋，不仅因为网恋可以避免相见的尴尬，迎合性格内向者的心理需求，还因为网上交往缺少现实中的道德观念约束，可以用并不符合实际情况的言语包装自己，而不必担心被当面揭穿的后果。

既然如此，在网恋时就要时刻保持警惕，在没有见面和进入对方的生活圈子时，不应透露自己的真实信息，包括姓名、工作地点、家庭住址等，个人隐私更不能提及。对于网络上的甜言蜜语不要轻信，一旦发现对方是虚情假意或有不良企图，要及时断绝联系，避免陷入情感纠结中难以自拔，甚至受到精神伤害和财产损失。网恋后的第一次见面，建议选择商场、公园等人群密集的场合，带上同伴，切忌独自赴约。

89.如何认识与处理从恋人到夫妻的角色转换?

无论恋爱时的花前月下有多么浪漫，恋爱双方最终还是要走入婚姻的殿堂。从恋人到夫妻，不光增加了一张约束婚姻关系的结婚证，更意味着两个人之间

的关系进入了新的阶段，双方都要适应从个体生活到家庭生活的转换。

一是要把婚姻关系当成家庭最重要的基础去维护。不要以为都是一家人了，便不再像恋爱时那样进行感情交流，反而更要注意相互关心，随时交流自己在工作和生活中遇到的各种事情。当一方因为工作陷入烦恼和焦虑时，另一方更要及时给予安慰，帮着出主意、想办法。

二是要处理好角色平衡和家庭分工。既然两个人在一起过日子，就要有角色分工，分别承担起不同的家庭责任。特别是有了孩子以后，各种杂事一下子多了起来，如果在工作上再遇到难题，情绪难免会受到影响。这个时候，双方就要尽量相互分担困难，丈夫可以多做些需要体力的事情，妻子可以侧重需要细心和耐心的事情。

三是要照顾好双方的父母。无论小家庭的生活有多么甜蜜，也不要忘记照顾双方的父母。两个人都要像对待自己的父母一样对待对方的父母，切忌分出亲疏远近，否则既会让老人心里不高兴，也会给夫妻关系埋下隐患。如果双方的父母不在一个地方，逢年过节去谁家探望更要妥善协商，不要热乎了一方的同时而冷落了另一方。

90.什么是义务教育？

根据宪法规定，国家对适龄儿童和青少年实施一定年限的强迫教育，这就是义务教育制度。义务教育具有强制性、公益性和普及性的特点，无论是社会还是家庭都具有不可推卸的责任。义务教育的年限为九年，包括小学和初中。

义务教育明确规定“不收学费、杂费”，在全国范围内实行统一的教学标准、经费标准、建设标准和学生公用经费标准。阻止适龄儿童和青少年接受义务教育，将会直接触犯法律。家长不送子女上学，家长要承担相应的责任；学校不接收适龄儿童、少年上学，学校要承担相应的责任；学校不提供相应的接受教育的条件，也要承担相应的责任。

在义务教育实施的过程中，乱收费的现象时有发生。有的学校把补课、选修课和发放辅导资料，当成向学生家长收费的“合理”借口。还有的学校组织学生从事营利性活动，或者向学生推销或者变相推销商品。这些行为已侵犯了学生和家长的权益，也违反了义务教育法。

解决新市民子女义务教育阶段上学难的问题，一

直是政府强力解决的重点问题。目前，各地正在积极地探索推行“就地入学”，挖掘现有公办学校教学资源，兴办专门招收新市民子女的公办学校，将新市民子女纳入教育招生计划，破除城市学生与新市民子女的界限，减免学费或取消公办学校的“借读费”“赞助费”，保证新市民子女“进得来、留得住、学得好”。

91.新市民子女怎样在城里接受义务教育？

在 2015 年的全国人民代表大会上，《政府工作报

告》特别强调促进教育公平发展和质量提升，提出落实农民工随迁子女在流入地接受义务教育政策，完善后续升学政策。此后，各地陆续围绕外来务工人员随迁子女就学问题出台具体政策，公办学校开始接收外来务工人员子女，并在收费、教学、管理等方面同市民子女同等对待，有些地方还专门建立了打工子弟学校。

通常来说，申请办理子女进城入学的新市民，应当已经与务工单位签订正式的劳动合同，并且经过当地劳动保障部门的备案。同时，还应当在学校附近有自己的居住场所，并已经在当地派出所办理了暂住证，具备这些基本条件以后，当地教育部门会按照“就近入学”的原则进行安排，由学校办理子女入学报名手续。

报名时需要的文件和材料，大致有以下几种：(1) 父母一方的劳动合同原件、复印件各一份；(2) 父母双方居住证（暂住证）的原件、复印件各一份；(3) 父母一方或法定监护人缴纳社会保险一年以上的凭证（社保清单）原件；(4) 子女预防接种卡；(5) 家庭户口本原件、复印件各一份；(6) 子女出生证明原件、复印件各一份；(7) 父母身份证原件、复印件各一份；(8) 子女的转学证明。

由于这些政策由地方教育部门分别制定，不同地方的外来务工人员子女入学政策各有不同。新市民在为自己的子女办理进城入学手续时，应先向当地教育部门咨询，或通过政府网站查阅了解具体政策。

92.怎样关心自己留在老家的子女？

初到城市打拼，子女留在老家，这是不少新市民的现实境况。子女的教育往往成为最让父母揪心的问题。由于父母长期在外，对子女关爱不足，交流沟通少，导致亲情缺失，不仅亲子关系变得敏感脆弱，更

容易导致子女出现自卑、封闭、逆反心理。

据调查显示，尽管现在电话和网络联系比较方便，但是，新市民与子女进行电话交谈或网络聊天的时间依然相对较短。在有限的时间里，衣食住行的话题占去了一半，学习和安全分别占到25%和15%，关心子女心理情绪和为人处世方面的交流涉及得非常少。

对于留守在老家的子女，首先要关心其精神生活。有这样一句话——好妈妈胜过好老师，说的便是父母教育对子女心理成长的重要性。父母离乡进城，牵挂子女温饱和学业的同时，往往忽视了子女的品德教育和心理健康，这个问题需要高度重视。如果父母都不在孩子身边，要选择有责任心的亲戚、邻居或老师，委托他们关心子女的生活、学习和心理。

除了过年过节时回家团聚，父母最好每天能够通过现代通信工具和子女保持联系，打电话、发短信、网络聊天和视频都可以。交流的时候，要特别注意子女的心理状态和情绪状况，一旦察觉子女可能出现了心情烦躁、交际障碍和思想困惑时，要及时疏导教育，谨慎处理。

93.子女参加异地高考需要什么条件?

从 2013 年开始，我国异地高考“破冰”。当年，有 4500 名符合条件的随迁子女获得在流入地高考、参加录取的机会。到了 2015 年，29 个省市自治区的异地高考人数达 7 万人。不过，依照教育部“确保符合条件”的随迁子女在流入地高考的原则意见，参加异地高考的条件还是由各省市自治区自行制定。

新市民的子女参加异地高考通常需要符合这样三个前提条件：一是家长应是当地常住人口，有稳定工作、稳定住所和稳定收入，缴纳各种保险；二是学生要在迁入所在地就读；三是城市发展需要家长所从事

行业的务工群体。

各个城市异地高考的具体条件并不相同。在北京，家长有居住证明及稳定住所，稳定职业及社保满6年，子女有学籍且连读高中3年，可参加高职考试录取，毕业后可参加专升本考试。在广东，具有合法稳定职业、合法稳定住所并连续3年以上持有广东居住证、在广东省参加社会保险累计3年以上的进城务工人员，其随迁子女在省内参加中考并在父母就业城市具有高中阶段3年完整学籍的，可在广东省报名参加高考，并与广东户籍考生同等录取。

坦白地说，异地高考的门槛现在还比较高，新市民可以向当地教育部门咨询具体的报名标准，或通过政府网站了解相关信息。当然，从趋势上来看，随迁子女参加异地高考的条件将会越来越宽松，因为城市的大门只会越开越大。

94.怎样合理安排家庭开支和理财？

勤俭持家是传统美德，科学的家庭开支是新市民城市生活的必修课。通常来说，家庭开支包括水电费、房租、伙食费、教育费等固定支出，衣物鞋包、

社交生活、日常零用等机动支出，还有家用电器、外出旅游等大项支出。

安排日常家庭开支时，应当做到以下三点：

(1) 量入为出，避免盲目性开支。家庭开支要讲求实效，切勿追时尚、凑热闹，尽量避免花“明天的钱”，分清信用消费与借债度日的界限。

(2) 保证重点，避免混乱性开支。家庭开支项目繁杂，要分出重点，排出主次。比如，米面油盐和水电气支出、房租、教育和医疗支出都是重点，新款手机和演唱会只是弹性需要。

(3) 远近兼顾，避免无备性开支。人无远虑，必有近忧。在保证正常家庭开支的情况下，要为以后的大项消费早做准备，如子女升学、购买住宅和为老人治病等。

家庭开支因家而异，没有必要盲目攀比，而是要养成储蓄习惯。有了一些经济积累的时候，应当合理进行家庭理财，并要注意不同理财项目投入的比重。比如，不要把积蓄全部投在股市上，家庭保险的保费支出不应超过家庭年收入的10%，每月归还房贷的金额以不超过家庭当月总收入的1/3为宜。总之，一定要将风险控制在可承受的范围内，不要盲目设定过高的理财规划。

创业篇

95.国家对创办小微企业有什么鼓励政策？

我们通常所说的小微企业，大体包括小型企业、微型企业、家庭作坊式企业和个体工商户。它们不仅是提供新增就业岗位的主要渠道，同时也为促进经济增长与社会和谐稳定发挥了不可替代的作用。但是，在日常经济活动中，这些小微企业往往会遇到一系列生存障碍，主要是“两高”（成本高、税负高）、“两难”（用工难、融资难）和“两门”（玻璃门、弹簧门）。为此，国务院专门研究部署进一步支持小型和微型企业健康发展的措施，出台了一系列财税金融扶持政策。

盘点这些鼓励政策，税收减免无疑最受小微企业欢迎。从2015年10月1日到2017年12月31日，减半征收企业所得税的小微企业范围，已经由年应纳税所得额20万元扩大到了所有小微企业。这意味着一家原来每年纳税6万元的小微企业，可以减少纳税3万元。

此外，为鼓励和支持小型微利企业发展，印花税、增值税、政府性基金等方面的优惠同样很多。2016年11月起，小微企业借款合同免征印花税；2017年12月31日前，增值税小规模纳税人月销售额不超过3万元（含3万元）的，免征增值税；自2015年10月1日至2017年12月31日，对按月纳税的月销售额或营业额不超过3万元（含3万元），以及按季纳税的季度销售额或营业额不超过9万元（含9万元）的纳税义务人，免征教育费附加税、地方教育附加税、水利建设基金、文化事业建设费。

96.新市民创业需要什么条件？

创业对个人来说，是一次实现自我价值、赢取最大成就感的选择。因此，在“大众创业，万众创新”的政策激励下，很多新市民也产生了创业的冲动和热情。然而，创业毕竟要面临成功和失败两种截然不同的结果，必须做好充足的准备，规避贸然创业带来的风险。

创业需要有好的创业项目，即所谓找到核心竞争力，这是创业成功的首要条件。在此基础上，创业者一定要有良好的心理素质，包括自信和自主的生活态度，也包括坚强、果断和开朗的性格。只有清醒地认识到创业充满的挑战性和不确定性，才能有足够的勇

气、毅力和坚持去面对创业路上的坎坷风雨。

当然，创业成功也离不开创业者深厚的知识储备。创业不是开个小店那么简单，创业者不仅需要懂得创业项目所涉领域的技术和知识，还要具备生产经营所必需的财务、营销和团队管理知识，可以从各种政策和信息中捕捉发展的机遇。当然，创新能力、分析能力、决策能力、预见能力、应变能力及协调能力等，都是创业者不可缺少的能力素质。

97.新市民如何选择创业项目？

创业毕竟不是四平八稳的事情，不经过足够思考就去创业，成功率往往会大打折扣。柳传志就曾经这样告诫创业者，“创业前一定要想清楚三件事”，否则“很容易牺牲”在创业路上。

那么，创业前究竟要想清楚哪三件事呢？一是所做的事本身，能不能赚到钱，行业的发展空间多大；二是哪个领域能赚钱，门槛到底有多高，所处的位置能不能达到那个目标；三是竞争对手的状况如何，凭借什么跟人家竞争。

从这个角度去考虑，创业者要选择与自己的爱

好、特长以及市场需求度相吻合的创业项目。爱好要吻合，这是因为创业项目是自己喜欢做的，行动起来才会自发且有激情。特长要吻合，这是因为只有在自己擅长的技术或者领域，才会有更具效率和效益的思路与产品。市场需求度要吻合，因为那些可以解决很多人刚性需求的项目，才会有更良好的市场前景。

当然，成功从来没有什么捷径，也没有标准答案。有时候，好项目也会被人做坏，并不被大家看好的项目，也在有些人的手中成了颠覆性产品。其实，谁都无法复制他人的成功，没有好的项目，只有好的创业者。因此，创业者的自身素质决定着项目最后的成败，一旦开始创业，就要百倍努力。

98.摆摊开店需要哪些程序？

开店一般指开设实体店铺，主要需要办个体工商营业执照（餐饮业需要另行办理餐饮服务许可证）、健康证和消防证等。

第一步：选择经营场地需有房产证，租赁场地开店需要有经租赁所登记的租赁合同书。

第二步：到所在地工商所办理营业执照。办理营业执照时，需带场所证明（租赁合同或房产证）、身份证。注册时一般需要多准备几个商号名称，以便在申

请名号已被注册时及时更换。取得执照一个月内去税务局办税务登记，并按照规定确认是否需要办理消防批复。

第三步：领取营业执照后，需要办理公章审批和刻章，办理组织机构代码证、地税登记（营业税、城市维护建设税和教育附加税）、国税登记（销售税、企业所得税和个人所得税以及社保手续）。

如果开实体店的话，上面这些流程都是必不可少的。当然，有志于电商经营的创业者也可以选择开网店，过程往往会简单一些。相对于传统的经营模式，网上创业还具有成本低、风险小、方式灵活等优点，值得创业者考虑。

99.怎样当好“老板”？

究竟要怎样才能成为一个好老板？可能每个人都有其成功的“秘诀”，但总有一些通识的经验可以借鉴。

一是要有视野和胸怀。即便是一个只有几个人的小企业，同样需要在市场经济的风浪中去拼搏。成为商战中的最终胜利者，离不开发现市场机遇的敏锐眼光，离不开判断市场动向的活跃思维，既要始终怀有如履薄冰的危机意识，又要具有成竹在胸的自信判断。

二是要勇于承担责任。问题发生时，不能因为自己是老板，就把本该自己承担的错误推卸到员工身上。否则，员工也会跟风效仿，用事不关己、高高挂起的态度来对待工作。

三是要坚持信任员工。信任是企业和谐发展的基石，老板的首要任务是要在团队中创造一种互相信任的关系，没有信任就没有领导。这种信任关系不是自然存在的，是靠老板去创造的。当然，信任不是放手不管，信任的同时要注意跟进，激励和支持员工把工作做好。

四是要带头执行制度。没有规矩，不成方圆。制度是战略的保证，制度面前人人平等。如果老板制定了各种制度，就一定要带头遵守执行，才能让制度成为每一位员工敬畏的规则底线。如果一直没有制度，所有的事情都是自己说了算，企业的发展则难以长远。

100.我们要给下一代留下什么？

离开土地，从农村到城市，除了谋生创业之外，我们要给下一代留下什么呢？这其实是一个需要深深思考的问题。

对于一个家庭而言，父母往往会留下房子和产业，让下一代过上越来越好的生活。当然，还要给自己的孩子留下改变命运的精神和白手创业的品质，让他们在今后的人生中战胜各种困难，顺利成长。

然而，如果从"父母"变成"所有的父母"，从"孩子"变成"所有的孩子"，问题的答案或许就会有所不同。留下青山绿水的自然，让一代一代的孩子能够感受到自然之美；留下运行良好的社会和制度，让每个人都能够获得人类矢志不渝竭力追求的公平、正义、自由、幸福；留下丰富的精神文化遗产，无论贫

贱富贵，都能够有一个丰盈的内心世界；留下进步的价值观，并愿意自觉践行诸如平等、责任、宽容、善

良等观念。要留下这些，需要我们每一个人的努力和行动。

事实上，无论职场生存的压力有多大，也无论物质生活的诱惑有多少，我们每个人都需要有那么一刻，静下心来问问自己——我们要给下一代留下什么？人生的意义，拼搏的意义，都在这个问题的答案里。